**Sempre foi
sobre nós**

Manuela d'Ávila
Organizadora

Sempre foi sobre nós
Relatos da violência política de gênero no Brasil

Textos de:
Anielle Franco, Áurea Carolina, Benedita da Silva, Bruna Rodrigues, Daiana Santos, Dilma Rousseff, Duda Salabert, Erika Hilton, Isa Penna, Jandira Feghali, Jô Moraes, Manuela d'Ávila, Maria do Rosário, Marina Silva, Marlise Matos, Sonia Guajajara, Tabata Amaral e Talíria Petrone

3ª edição revista e ampliada

Rio de Janeiro
2022

Copyright © Manuela d'Ávila, 2022

1ª edição, Instituto E Se Fosse Você?, 2021
2ª edição revista e ampliada, Rosa dos Tempos, 2022

Todos os direitos reservados. É proibido reproduzir,
armazenar ou transmitir partes deste livro, através de quaisquer meios,
sem prévia autorização por escrito.

Coorganização: Ana Carolini Andres da Silva
Projeto gráfico de capa: Casa Rex
Diagramação: Abreu's System | Raphael Chiacchio

Os dados estatísticos apresentados na contracapa desta edição são relativos às eleições de 2016 a 2020 e foram publicados pelo Tribunal Superior Eleitoral.

```
CIP-BRASIL. CATALOGAÇÃO NA PUBLICAÇÃO
SINDICATO NACIONAL DOS EDITORES DE LIVROS, RJ

S476
        Sempre foi sobre nós : relatos da violência política de gênero
    no Brasil / organização Manuela d'Ávila ; com textos de
    Anielle Franco ... [et al.]. – 3. ed. – Rio de Janeiro : Rosa dos
    Tempos, 2022.

        ISBN 978-65-89828-09-9

        1. Mulheres – Condições sociais – Brasil. 2. Violência –
    Sociologia. 3. Violência política – Brasil. 4. Violência contra
    mulheres – Brasil. I. d'Ávila, Manuela. II. Franco, Anielle.

22-75719                                       CDD: 305.42
                                               CDU: 316.62-055-2
```

Meri Gleice Rodrigues de Souza - Bibliotecária - CRB-7/6439

Texto revisado segundo o novo Acordo Ortográfico da Língua Portuguesa.

Direitos desta edição adquiridos pela
EDITORA ROSA DOS TEMPOS
Um selo da
EDITORA RECORD LTDA.
Rua Argentina, 171 – Rio de Janeiro, RJ – 20921-380 – Tel.: (21) 2585-2000.

Seja um leitor preferencial Record.
Cadastre-se no site www.record.com.br
e receba informações sobre nossos lançamentos e nossas promoções.

Atendimento e venda direta ao leitor:
sac@record.com.br

Impresso no Brasil
2022

*Eu não estou mais aceitando as coisas que não posso mudar,
estou mudando as coisas que não posso aceitar.*

Angela Davis

SUMÁRIO

Apresentação a esta edição   9
   Manuela d'Ávila
Prefácio – "Liberdade é não ter medo"   13
   Anielle Franco
Introdução a esta edição   17
   Erika Hilton

1. Por nós e a partir de nós   23
   Áurea Carolina

2. Violências estruturais na trajetória
   de uma mulher negra   33
   Benedita da Silva

3. Não, não somos tua empregada   45
   Bruna Rodrigues e Daiana Santos

4. A misoginia e a manipulação da mídia   57
   Dilma Rousseff

5. Não se combate a escuridão com mais escuridão   73
   Duda Salabert

6. Assédio é sobre poder 87
   Isa Penna

7. Para não calar, encarar! 95
   Jandira Feghali

8. Por que não nos querem? 111
   Jô Moraes

9. Eu sempre soube que era difícil, mas não é justo
   que seja tão difícil assim 123
   Manuela d'Ávila

10. Violência política de gênero, no singular e no plural 137
    Maria do Rosário

11. *Fake news*: a velha nova realidade 149
    Marina Silva

12. Mulheres-água, mulheres-terra, mulheres-semente:
    resistência viva! 165
    Sonia Guajajara

13. Não nos calarão 175
    Tabata Amaral

14. Até que todo corpo de mulher seja livre 187
    Talíria Petrone

*Para saber mais – A violência política sexista, racista
e interseccional: mapeando conceitos da violência
política contra as mulheres* 201
    Marlise Matos

APRESENTAÇÃO A ESTA EDIÇÃO

Manuela d'Ávila
Janeiro de 2022

Quando os anos passarem e olharmos a distância para este período em que vivemos, nós, as pessoas que estamos aqui, teremos algumas lembranças. O número de brasileiras e brasileiros mortos durante a pandemia de covid-19, a desinformação em escala e o ódio às mulheres estarão entre as marcas que teremos tatuadas. Também teremos os sorrisos, os reencontros, as mobilizações em defesa da vacina e da vida. Teremos o crescimento, mesmo que ainda tímido, da participação de mulheres – de mulheres trans, indígenas e negras – nos parlamentos, para fazerem companhia às mulheres que vieram antes, que desbravaram outros tempos, também difíceis.

Todas elas, essas mulheres de luta, que enfrentam as estruturas que perpetuam a desigualdade econômica, racial e de gênero, têm algo em comum. Existe um fio que costura relações, e, mesmo sem se conhecer, elas o mantêm. É o fio de um tipo específico de ataque que sofremos no ambiente público: a violência política de gênero. Nos anos pares, anos em que nosso país enfrenta processos eleitorais, vemos essa violência se agudizar, restringindo e impedindo mulheres de disputarem eleições. É impossível que uma de nós aceite disputar sem pensar em todas as maneiras como será violentada durante o processo.

10 | Apresentação

Será sobre o corpo? A vida afetiva e a sexualidade? Serão as suas crianças ameaçadas?

Em 2020 disputei minha oitava eleição. Já fui vereadora, deputada federal e estadual, concorri à Vice-Presidência da República numa eleição marcada por um violento esquema de produção e distribuição de desinformação. Desde 2004 sou vítima de ameaças, minha filha já foi agredida fisicamente e, meu marido, hostilizado. Nada, nada, nada se compara ao que vivi em 2020, concorrendo à Prefeitura de Porto Alegre. Líder das pesquisas, me vi vítima de um jogo sórdido, no qual um candidato laranja usava o fato de ter se relacionado comigo na juventude como elemento legitimador de qualquer tipo de mentira e violência. Afinal, qual legitimidade pode ser maior, diante de uma sociedade machista e de um sistema político misógino, do que ter tido uma relação com uma mulher?

Foi chorando, depois do último debate do primeiro turno, que decidi escrever este livro. Primeiro eu queria escrevê-lo sozinha. Depois percebi que éramos muitas que vivíamos a mesma situação. Ainda assim, eu pensava, ingenuamente, que levaríamos muitos anos para ver uma situação de tamanha violência política contra uma mulher se repetir. Dias depois, minha amiga Isa Penna teve os seios apalpados dentro do plenário da Assembleia Legislativa de São Paulo. Poucos meses depois, minha filha Laura, de cinco anos, foi fotografada na escola pelo pai de outra aluna e eu vi sua imagem rodar em grupos de WhatsApp até chegar a grupos que nos ameaçariam – a mim de morte e a ela de estupro.

Tudo isso foi ficando tatuado em mim, me definindo, me fazendo a mulher que sou. Tudo isso passa pela minha cabeça quando penso se quero continuar ou não, se quero concorrer ou parar. É como se a nós, mulheres, fosse imposto, para seguirmos na vida pública, ter uma vida como a cigarra imortalizada por Mercedes Sosa, cantando ao sol depois de um ano embaixo da terra, como sobreviventes de uma guerra que não decidimos travar. Nós optamos pela vida pública, não por uma prova de resistência física e emocional sobre nossa vida privada.

Reunir estes artigos foi, para mim, como abrir um carretel: percebi, lendo os textos que me chegavam, que os fios das histórias das autoras, que são diversas e plurais, se entrelaçavam, evidenciando que, embora pessoalíssima, a violência política de gênero é um dispositivo utilizado sem piedade contra todas nós. A violência pode ter o nosso rosto e aparentar ser sobre nossa vida, mas não tem como objetivo parar apenas uma de nós, e sim desencorajar todas.

Quando esta obra chegar em tuas mãos, viabilizada pela parceria entre a Editora Rosa dos Tempos e o Instituto E Se Fosse Você?, em pleno ano de 2022, é para te contar mais do que uma história comum entre mulheres que fazem política. Essa será a primeira eleição em que a violência política de gênero estará tipificada criminalmente. Não conseguimos interromper a violência contra Marina, e foi ainda maior com Dilma. Não interrompemos a violência com Dilma, e fizeram comigo. Não interrompemos comigo, e fizeram com Isa. Assistimos a Talíria Petrone, Benny Briolly, Bruna Rodrigues, Daiana Santos, Karen Santos e Erika Hilton serem ameaçadas de morte diante do silêncio cúmplice de nossas instituições. Tudo isso no mesmo país que viu Marielle Franco ser executada.

12 | Apresentação

Esta obra é um convite ao enfrentamento dessa realidade escandalosa. É um pedido à tua reflexão mais profunda para que tu não responsabilizes as mulheres pela violência da qual são vítimas nos processos eleitorais. É um chamado a que digas: "Não! Isso não é política!", denunciando tudo aquilo que humilha, hostiliza, diminui, agride e expõe mulheres que toparam o desafio de buscar ocupar o espaço público. Precisamos fazer diferente!

PREFÁCIO

"Liberdade é não ter medo"

Anielle Franco

Anielle Franco é cria da Maré, no Rio de Janeiro. É bacharel em Jornalismo e em Inglês pela Universidade Central da Carolina do Norte, bacharel-licenciada em Inglês/Literaturas pela Universidade do Estado do Rio de Janeiro (Uerj), mestra em Jornalismo e em Inglês pela Universidade da Flórida A&M e mestranda em Relações Étnico-Raciais pela Universidade Federal do Rio de Janeiro (UFRJ). Organizou seu primeiro livro, chamado *Cartas para Marielle*, uma reunião de textos de familiares sobre a experiência de luto por Marielle Franco, sua irmã e referência, e colaborou na autobiografia de Angela Davis. Trabalha como professora, palestrante, escritora e é a atual diretora do Instituto Marielle Franco e da Escola Marielles. Curadora e apresentadora do canal *Papo Franco*, e é colunista convidada da revista *Marie Claire*.

O dia é 14 de março de 2018, quarta-feira marcada por uma tempestade de chuvas e ventos que lavou as ruas do Rio de Janeiro. Uma tempestade que, para mim e para minha família, dura até hoje. Nós definimos essa data como o dia em que minha irmã foi tirada de nós brutal e covardemente. O assassinato de Marielle e Anderson expôs ao mundo as rachaduras estruturais presentes na frágil democracia brasileira. Esse assassinato brutal evi-

14 | Prefácio

denciou a importância de identificarmos a violência política de gênero como um problema de raízes estruturais em nossa sociedade. Desde aquele fatídico março, venho me dedicando a proteger e apoiar mulheres negras, LGBTQIA+ e periféricas em sua trajetória múltipla de ocupação da política institucional.

Por dentro destas páginas você vai conhecer histórias vívidas de dor e luta, corpos distintos, mas com trajetórias similares, marcados pela mesma violência política que impediu minha irmã de exercer seu direito de viver uma vida política plena. É sob uma estrutura racista e patriarcal que esses corpos estão expostos e vulnerabilizados a todo e qualquer tipo de ação dessa violência, que tem perspectivas plurais, presentes na agressão física, mas também abrange dimensões psicológicas, sexuais, morais e raciais.

É meu dever, também, explicitar a responsabilidade do Estado brasileiro por prover mecanismos que garantam o direito ao livre exercício político das populações majoritariamente vulneráveis, especialmente as mulheres. Atuar sobre nossa segurança e proteção é defender a democracia brasileira em que acreditamos. O efeito da violência política é impedir mulheres de se candidatarem, é interferir no exercício de seu mandato e, por fim, desestimular, desanimar, encurtar, abreviar sua carreira política. Ou seja, é uma violência exercida antes, no início, durante e no fim de um mandato, que influiu no ingresso na política, na permanência e na saída/desistência.

A gravidade dos relatos aqui apresentados exemplifica nossa urgência e a responsabilidade que temos, como sociedade, para reverter esse quadro. A política só será representativa quando nosso corpo puder ocupar os espaços institucionais sem medo. Foi Nina Simone quem nos ensinou que "liberdade é não ter medo", e essa liberdade está no rompimento dos grilhões que aprisionam nossa esperança de dias melhores. Cuidemos sempre de nossas mulheres eleitas. De todas elas.

E eu digo, assim como Marielle, que nós não seremos interrompidas!

INTRODUÇÃO A ESTA EDIÇÃO

Erika Hilton

> Erika Hilton é vereadora eleita da cidade de São Paulo. Negra e transvestigênere, foi a mulher mais bem votada de todo o Brasil em 2020, a mais votada de seu partido, o Psol, e é a primeira trans eleita para a Câmara Municipal paulistana, com mais de cinquenta mil votos. É ativista de direitos humanos com foco nas pautas de equidade para a população negra, combate à discriminação contra a comunidade LGBTQIA+ e pela valorização das iniciativas culturais jovens e periféricas.

Certo dia, estava trabalhando em minha sala, na Câmara Municipal de São Paulo, quando um homem pediu para entrar no gabinete. A princípio seria algo normal: centenas de munícipes visitam gabinetes de vereadoras e vereadores diariamente. No entanto, ele aparentava certo transtorno, ostentava alguns símbolos religiosos e tinha um discurso confuso. Questionado na porta por minha assessoria, o homem afirmou que era ele quem estava por trás do perfil *Garçom Reaça*, uma das dezenas de pessoas que me perseguem e ameaçam – até então, exclusivamente pelas redes sociais. A partir desse episódio, ao menos um desses agressores ganhou materialidade, tomou corpo, mostrou a cara. Após ser impedido de entrar no gabinete, ele entregou uma carta em que confessara os ataques virtuais e foi retirado pela guarda.

18 | Introdução

Esse episódio me fez pensar: por que motivo aquele homem se sentiu autorizado a sair do anonimato virtual e vir me intimidar no meu local de trabalho? Com que direito? Situações como essa e outras bem piores acontecem diariamente com mulheres que têm o mesmo perfil que eu: mulheres transvestigêneres, travestis, negras, periféricas, são diariamente hostilizadas, ameaçadas, ridicularizadas e mortas. E, em grande parte das vezes, os agressores ou assassinos são premiados com a impunidade, o que os faz ter certeza de que somos uma subcategoria de mulher.

O Brasil é o país que mais mata mulheres trans e travestis no mundo. Noventa por cento de nós só encontramos alternativa de trabalho e renda na prostituição (situação em que eu mesma já estive, após ser expulsa de casa aos catorze anos por ser quem eu sou). Nossa expectativa de vida é de apenas 35 anos. Nossa morte, as violências físicas e simbólicas sobre nosso corpo, o deboche e a abjeção a que somos submetidas diariamente não chocam. É porque ainda temos que conquistar o status de mulher.

O machismo e a misoginia presentes na sociedade são os mesmos que atuam na esfera política. Nas casas legislativas e no Executivo, eles se manifestam quando somos interrompidas, quando nossos argumentos são menosprezados numa discussão, quando somos preteridas para assumir cadeiras em comissões importantes, quando somos impedidas de exercer o mandato para o qual fomos eleitas. Para além de ser um efeito nefasto do machismo, da misoginia e do patriarcado, a violência política de gênero se configura num ataque direto à democracia. Não existe democracia sem a representação de todos os grupos sociais nos espaços de poder e decisão. Não existe democracia sem a participação das mulheres e de toda a sua diversidade: mulheres negras, mulheres indígenas, mulheres trans, mulheres com deficiência, mulheres mães solo, mulheres imigrantes, mulheres trabalhadoras, mulheres do campo, mulheres faveladas – enfim, mulheres em todas as suas mulheridades. Mas por que a nossa presença incomoda tanto?

Se de fato fôssemos menos capazes, se realmente não entendêssemos nada de política, se não tivéssemos nada para contribuir com o debate social, certamente não haveria motivo para tanto pavor e incômodo. Mas é justamente o contrário. É justamente pelo fato de saberem que somos capazes de discutir o orçamento das cidades, dos estados e do país que podemos falar sobre saúde, cultura, educação ou qualquer outro tema relevante e que impacte a vida das pessoas, é por isso que eles ficam em pânico e querem nos tirar, a qualquer custo, da vida política. Trata-se, evidentemente, de uma recusa em dividir o poder. Com exceção das antigas e de algumas contemporâneas sociedades matriarcais, os homens estruturam um mundo deles e para eles, nos quais devemos ser coadjuvantes num roteiro escrito por eles. Nem preciso dizer o quanto isso é delirante. E que nossa presença na política institucional atrapalha essa fantasia.

Apenas dois exemplos: até bem pouco tempo atrás, nas casas legislativas, não havia banheiro feminino nas áreas restritas aos parlamentares. E hoje ainda não se fala de trajes femininos nos regimentos e documentos internos que tratam sobre o tema. Mesmo as mulheres tendo direito a votar e serem votadas

20 | Introdução

desde o início da década de 1930 no Brasil, o parlamento continuou sendo ocupado durante muito tempo exclusivamente por homens (cis e brancos, sempre é bom lembrar). Estamos rompendo uma hegemonia, não apenas com representatividade, mas com projeto. Nós não apenas representamos como somos o próprio potencial revolucionário e transformador da sociedade.

Embora a presença do nosso corpo no ambiente da política institucional seja uma novidade – eu, por exemplo, sou a primeira travesti eleita para a Câmara Municipal de São Paulo, e a terceira vereadora negra da cidade (ao lado de mais duas companheiras, nominalmente eleitas) –, nossa ocupação, absolutamente legítima, é uma continuidade. Somos fruto de lutas e resistência ancestrais da população negra, da resistência transcestral das identidades não cisgêneras. Aqui, peço licença para lembrar e louvar as que vieram antes: Antonieta de Barros, Theodosina Ribeiro, Kátia Tapety, Madalena Leite, Leci Brandão, Benedita da Silva, Luiza Bairros, Marielle Franco. O assassinato de Marielle, aliás, é o maior exemplo de violência política de gênero e um dos maiores atentados contemporâneos à democracia. Com o que eles não contavam, o que eles não esperavam, é que Marielle se transformasse em semente. Mais de noventa mil mulheres negras foram candidatas em todo o país nas eleições municipais de 2020, um aumento de 26% em relação à eleição municipal anterior, segundo o Tribunal Superior Eleitoral (TSE). No entanto, somos apenas 6% do total de vereadores eleitos.

Já em relação às candidaturas de pessoas trans, houve um aumento de 215%: de 89 candidatos, nas eleições de 2016, para

281, em 2020, de acordo com a Associação Nacional de Travestis e Transexuais (Antra). Desse total, 30 transvestigêneres fomos eleitas/eleitos/eleites.

Ser a primeira nesses espaços é motivo de orgulho, sem dúvida, mas é também uma denúncia. Onde estavam as mulheres, a população negra, as pessoas trans até então? Essa é a nossa ousadia – ou melhor, a nossa audácia, como já disse Carolina Maria de Jesus. Nós recusamos a sentença compulsória à morte, ao cárcere, às esquinas de prostituição e ao subemprego que uma sociedade racista, transfóbica e misógina nos impõe o tempo todo. Nós nos insurgimos, tivemos a audácia de apresentar nossos projetos e de fazer uma disputa de poder. Não para fazer igual, mantendo o *status quo* mesquinho e cruel a que os "herdeiros" da política submetem a maioria da população. O nosso projeto é para todas, todos e todes. Quando a sociedade for melhor para as mulheres, para as pessoas trans, para a população negra, ela vai ser também melhor para todo mundo.

Mas para isso é necessário que o Estado e as instituições garantam a vida e a segurança das mulheres democraticamente eleitas. Eu preciso que Duda Salabert conclua seu mandato em Belo Horizonte. Preciso que Benny Briolly legisle em Niterói. Preciso que Carol Dartora exerça seu cargo de vereadora em Curitiba. Preciso que Dandara Tonantzin chegue ao fim de seu mandato em Uberlândia. Preciso que a deputada Andréia de Jesus possa continuar seu trabalho no estado de Minas Gerais. Preciso que Eliana de Jesus esteja segura à frente da Prefeitura de Cachoeira, na Bahia. E eu preciso ver Manuela d'Ávila eleita novamente!

Eu preciso também que a sociedade compreenda que a violência política de gênero não são apenas ataques individuais às mulheres na política. Trata-se de uma violência coletiva, de um ataque a um grupo social, e ofende a sociedade e fragiliza a democracia. Essa prática é a arma dos covardes, daqueles que se apoiam no machismo e na misoginia para manter a estrutura de poder e o privilégio masculino. E não dá para ser conivente com isso. Não é uma piada. Não é uma brincadeira. Não é um exagero. E não vão conseguir nos impedir.

Mulheres, avante!

1. POR NÓS E A PARTIR DE NÓS

Áurea Carolina

Áurea Carolina é mãe de Jorge Luz, deputada federal pelo Psol Minas Gerais, cientista social e educadora popular, especialista em Gênero e Igualdade pela Universidade Autônoma de Barcelona e mestre em Ciência Política pela Universidade Federal de Minas Gerais (UFMG). Com trajetória em defesa das causas dar mulheres, da negritude, das juventudes, dos povos e comunidades tradicionais e das pessoas que vivem nas periferias, Áurea também está atenta às lutas pela cultura viva e pela segurança cidadã, assim como ao enfrentamento à mineração predatória.

O convite da Manu para eu escrever este texto chegou na manhã do dia 8 de dezembro de 2020, exatamente quando se completaram mil dias sem Marielle. "Serão alguns textos em primeira pessoa de mulheres contando sua história, a violência política e o enfrentamento de redes de ódio", dizia a mensagem. Logo me veio um turbilhão de pensamentos. O tempo parou, ou acelerou, não sei, e num piscar de olhos fui lançada na minha própria trajetória.

De repente, me caiu a ficha. Por mais que eu falasse com frequência sobre o assunto em debates públicos e entrevistas para a mídia, nunca havia refletido em profundidade sobre as violências que já sofri desde que comecei a exercer cargos políticos.

É como se eu viesse repetindo no modo automático que passei e ainda passo por situações de violência, mas sem ligar uma chave interna que me alertasse sobre a gravidade disso. Foi um susto! Olhando para o celular na minha mão, rapidamente respondi: "Eu topo, sim."

Eu estava em casa, em Belo Horizonte, participando da abertura do XVII Seminário LGBTQIA+ do Congresso Nacional. Diante do computador, eu ouvia pessoas de luta, com suas falas firmes e inspiradoras. Fiquei particularmente impactada com as análises feitas por ativistas trans e travestis sobre o crescimento no número de candidaturas e de vereadoras eleitas dessa população nas eleições municipais de 2020 – várias delas com votações recordes. Fruto de anos de organização e de muito trabalho, esse resultado se insere em um processo mais amplo de emergência de novas lideranças feministas, negras, periféricas, indígenas e LGBTQIA+, dispostas a ocupar a política institucional no Brasil de hoje. Apesar de todos os reveses, mudanças reais estão acontecendo.

No seminário, o registro das mais recentes vitórias trazia junto a preocupação com o momento histórico que atravessamos, diante de um governo autoritário na Presidência da República, a destruição acelerada dos direitos sociais, o agravamento de todas as formas de violência e, sobretudo, o aumento da violência política. Ouvimos relatos assustadores sobre candidatas, eleitas ou não, que sofreram ataques antes, durante e depois da campanha, sendo que parte delas foi diretamente ameaçada. Um sentimento geral de angústia e indignação embalava a energia ali presente, com a urgência de mover as estruturas dessa sociedade a partir das lutas pela vida e pela cidadania da população LGBTQIA+.

Ao longo daquela semana, a memória de Marielle era evocada como símbolo das mudanças que têm possibilitado a chegada de mais de nós aos espaços de poder e, ao mesmo tempo, da intensificação das reações violentas para impedir nossos avanços. Marielle se tornou um chamado para a ação. Suas sementes são cultivadas e florescem a cada dia, na linhagem ancestral de mulheres negras que vieram antes de nós e abriram caminhos, e de tantas que virão a romper outras fronteiras.

É estranho pensar na minha experiência de forma mais íntima em meio a esse contexto. Tenho buscado trabalhar essa dimensão subjetiva ultimamente, mas minha tendência, desde que me tornei ativista, ainda muito jovem, é perceber a realidade com um viés social, histórico, observando os sistemas de relações, e acho que isso tem muito a ver com a minha formação em Ciências Sociais e a minha dedicação por tantos anos, desde o início dos anos 2000, à construção de projetos coletivos. Mas, para falar em primeira pessoa, como pediu a Manu, é preciso revisitar as lembranças e dar voz ao coração. É o que tentarei fazer.

Sinto que desenvolvi uma espécie de armadura emocional para lidar com as pressões e cobranças que envolvem minha atuação parlamentar. Vejo essa armadura como um aprendizado que vem das lutas feministas. Não elimina todos os desgastes, com certeza, mas pelo menos me dá um certo distanciamento para compreender que, em geral, essas coisas não são sobre mim. Importa menos quem eu sou como sujeito e mais o que eu represento no imaginário do senso comum. No fundo, a questão é sobre as expectativas que posso quebrar, sendo quem sou, e os interesses que posso contrariar por conta dos compromissos que defendo.

26 | Por nós e a partir de nós

Sei que o exercício democrático da minha função requer controle externo e a consideração de contrapontos e divergências na esfera pública. É meu dever prestar contas do meu trabalho como deputada federal, justificar meus posicionamentos e responder aos questionamentos que me chegam todos os dias. Faço isso com satisfação e conto com o suporte de uma equipe maravilhosa, que me assessora e me dá condições de cumprir o meu papel de agente na institucionalidade a serviço das lutas populares.

Mas estar na política sendo uma mulher negra, de origem periférica, de esquerda e, para completar, mãe de um bebê torna tudo mais complicado. É "normal" ser alvo de agressões e críticas desqualificadoras. Quanto mais me distancio do destino traçado para alguém como eu, maior a vigilância sobre o meu desempenho. Ter a vida monitorada em alguma medida acaba sendo inerente ao ofício. Na atual conjuntura, a violência vem no pacote como ingrediente básico.

Por essa razão, escolhi adotar uma postura discreta no dia a dia e procuro ficar bem longe do radar obcecado das redes sociais. Quase não falo da minha privacidade, resguardo minha rotina fora do trabalho e costumo pautar minhas publicações de acordo com as prioridades do mandato. Entendi que não preciso opinar sobre tudo que aparece na volatilidade insana do mundo virtual. Também sou do tipo que evita entrar em rota de colisão com fundamentalistas, bolsonaristas e similares, e jamais faço ataques pessoais em minhas manifestações públicas.

Confesso que essa blindagem é um constrangimento que eu preferia não ter. Antes mesmo da pandemia, eu já tinha reduzido bastante as saídas para eventos e locais públicos nos meus momentos de descanso. Não é só para ficar mais à vontade e poder curtir sem ser observada, mas também porque é mais seguro. Minha família e meus amigos me ajudam nesse cuidado e já sabem que não convém fazer *stories*, no Instagram, dos nossos encontros.

No ambiente digital, é uma tentativa muito particular de proteção que restringe meu alcance como figura pública, tendo em vista a lógica de consumo das redes sociais. Tem funcionado até aqui para reduzir os danos da minha exposição, embora não me livre totalmente da violência política. Sem entrar numa discussão mais ampla sobre os mecanismos e os usos nocivos das redes, o fato é que precisei moldar minha maneira de estar nelas muito em função do risco de sofrer ataques organizados por grupos de ódio e opositores. À exceção de raros episódios, não tenho sido alvo desse tipo de ataque, apesar de constantemente receber mensagens agressivas de pessoas aleatórias. Mesmo assim, minha situação não se compara com a de muitas aliadas que são alvo de ataques sistemáticos na internet.

Tudo isso pode soar meio genérico e trivial, já que "violência na internet" é praticamente uma redundância nos dias de hoje. Vou contar, então, alguns casos que vivi fora dessa arena.

Quando assumi o cargo de vereadora de Belo Horizonte, em 2017, com a marca de maior votação da cidade, fui interpelada por colegas homens que me perguntavam como era possível que eu, tão desconhecida para eles, tivesse ganho tantos votos. Em reuniões de trabalho, logo vinham piadas sexistas e racistas, comentários sobre meu cabelo, minhas roupas e minhas tatuagens,

28 | Por nós e a partir de nós

perguntas sobre minha vida privada e até insinuações sobre minha capacidade intelectual. Eu me posicionava sempre que dava e tentava levar uma abordagem pedagógica, mas era exaustivo demais e inviável reagir todas as vezes. Vários colegas me chamavam de "menina", e eu solicitava que fosse tratada com o mínimo de formalidade e respeito. Um deles, de propósito, continuou me chamando de "menina" até eu sair da Câmara Municipal, e ainda me ridicularizava: "Menina não, mulher!"

Já interrompi sessões para falar do tratamento absurdo destinado a nós, mulheres, naquela casa. Junto com a vereadora Cida Falabella, minha companheira de Gabinetona (o mandato coletivo do qual eu fiz parte até 2020),[1] enfrentamos momentos duros que me faziam duvidar se valia a pena persistir. Pessoas da nossa equipe, formada por ativistas com perfis muito diversos, também chegaram a ser ofendidas. Nós nos apoiávamos e assim recuperávamos o fôlego para seguir, um dia de cada vez.

Em 2019, entrando na Câmara dos Deputados, no início do governo Bolsonaro e havia meses sem resposta para o crime que tirou a vida de Marielle e Anderson, tive medo de cair na mira do ódio. Eu tinha a intenção de atuar fortemente na pauta de segurança pública, dando continuidade à minha experiência com a defesa dos direitos humanos no mandato municipal, mas mudei de ideia com o aconselhamento de pessoas próximas que temiam pela minha integridade. Posso reviver o mal-estar de assistir à performance pavorosa de deputados da chamada bancada da bala. Seria adoecedor conviver com eles no cotidiano. Passei a

---

1. Cuja história está disponível em: <www. gabinetona.org/>.

atuar com mais ênfase na pauta da cultura, um aprendizado valioso que me reconectou com a minha trajetória como ativista do movimento *hip hop* lá nos anos 2000. A cultura é extremamente atacada por esse governo, mas, sem dúvida nenhuma, eu pude estar mais segura ao me dedicar a esse tema.

O universo de Brasília é hostil, tóxico e altamente complexo, só que com o tempo constatei que eu tinha visto de tudo no microcosmo da Câmara Municipal. Não me surpreendi com a repetição das mesmas formas de violência, ainda que em maior escala, mas pela primeira vez fui vítima de assédio sexual no exercício parlamentar. Na ocasião, eu estava sentada mais ao fundo de um plenário de comissão quando um colega se sentou ao meu lado, puxou assunto e, sem mais nem menos, colocou a mão na minha coxa. Ele continuou falando como se nada tivesse acontecido, com aquela mão nojenta no meu corpo. Fiquei paralisada por uns segundos, incrédula, e tive a reação de empurrar a mão dele. Só consegui dizer que ele não podia fazer aquilo. "Isso o quê?", ele dissimulou. Eu me irritei, abri o verbo, e ele respondeu que eu não tinha entendido, que eu estava louca, que ele não tinha feito nada. Voltei minha atenção para a reunião, nervosa, e ficou por isso mesmo.

Na época, nem sequer cogitei denunciar porque sabia que seria um desgaste infernal. Imagina, ele só colocou a mão na minha perna. "O que tem de grave nisso?", diriam. Só me manifestei sobre o ocorrido depois que a Isa Penna, deputada estadual por São Paulo, foi assediada sexualmente pelo deputado Fernando Cury durante uma sessão da Assembleia Legislativa, no final de

30 | Por nós e a partir de nós

2020, em uma cena filmada e explícita demais para passar batida. Dei uma entrevista para um jornal que ouviu outras deputadas federais,[2] de diferentes partidos, que também foram assediadas por colegas. Como eu, nenhuma delas formalizou denúncia.

Estou convencida de que o assédio sexual contra as mulheres na política serve para nos impedir de realizar plenamente as nossas funções. Acredito que a maioria das mulheres na política, senão todas, sofre com comentários sexistas e outras formas de violência por parte de colegas homens. É um dispositivo capaz de eliminar a nossa presença dos espaços de poder.

Eu teria um monte de casos para relatar, como as discussões estressantes com colegas em grupos de WhatsApp – até vídeo pornográfico já circulou em um desses grupos! – ou as tentativas misóginas de intimidação quando me candidatei à Prefeitura de Belo Horizonte, mas acredito que o essencial é perceber a recorrência dessas práticas e o medo como elas causam efeitos que reforçam a sub-representação política das mulheres no Brasil. Eu me senti sem forças e psicologicamente abalada em algumas situações e, se não tivesse desenvolvido a minha armadura feminista e contasse com o amparo de muita gente, provavelmente já teria desistido da política institucional.

Além de visibilizar e produzir conhecimento sobre as violências que nos atingem, é nosso papel construir estratégias para

---

2. Tayguara Riberio e Carolina Linhares. "Deputado Fernando Cury vira réu por apalpar Isa Penna na Assembleia de SP." *Folha de S.Paulo*, 15 dez. 2021. Disponível em: <www1.folha.uol.com.br/poder/2021/12/deputado-fernando-cury-vira-reu-por-apalpar-isa-penna-na-assembleia-de-sp.shtml?origin=folha>. Acesso em: 1 fev. 2022.

enfrentá-las no cotidiano e no funcionamento das instituições, bem como articular redes de solidariedade para apoiar as mulheres que estão na linha de frente do sistema político. Esta publicação oferece uma contribuição importante nesse sentido, e é uma honra poder compartilhar um pouco da minha vivência. Sou imensamente grata à Manu por organizar esta conversa aberta e nos provocar a narrar essas situações difíceis.

É tempo de reparação, de refazimento da história. "Exu matou um pássaro ontem com uma pedra que só jogou hoje", enunciou Emicida na abertura do documentário *AmarElo: é tudo pra ontem*, lançado justo em 8 de dezembro de 2020, também dia de Nossa Senhora da Conceição, sincretizada com a amorosidade de Oxum na cultura popular brasileira. O ensinamento ancestral de origem iorubá recuperado por Emicida nos aponta a direção que podemos trilhar para criar condições de transformação do tempo presente e de superação dos escombros do passado a partir de nós mesmas, por todas nós.

2. VIOLÊNCIAS ESTRUTURAIS NA TRAJETÓRIA DE UMA MULHER NEGRA

Benedita da Silva

Benedita da Silva tem formação em Auxiliar de Enfermagem e Serviço Social. Está no quarto mandato de deputada federal pelo PT/RJ. Foi a primeira mulher negra a ocupar os cargos de vereadora no Rio de Janeiro, deputada federal na Assembleia Constituinte de 1988, senadora da República e governadora do Rio de Janeiro. Foi ministra da Secretaria Especial de Trabalho e Assistência Social. Entre suas principais conquistas, estão a PEC das Domésticas, o 20 de novembro como Dia Nacional da Consciência Negra, a instituição do Zumbi dos Palmares no Panteão dos Heróis e Heroínas Nacionais e a inclusão de proposição da Lei de Emergência Cultural Aldir Blanc. Graças à sua consulta junto ao Tribunal Superior Eleitoral (TSE), as candidaturas de pessoas negras conquistaram, em 2020, a redistribuição do fundo partidário e do tempo de propaganda eleitoral.

O ódio, o machismo, o racismo. Eles sempre existiram em nossa sociedade. E, também, sempre cruzaram meu caminho. Desde quando eu, ainda muito menina e pobre, entregava às madames as roupas que minha mãe, lavadeira, arrumava, até o dia em que pisei no Congresso pela primeira vez e, claro, não acreditavam que uma preta era a nova parlamentar naquele lugar predominantemente masculino e branco. Mas a contemporaneidade trouxe um aliado

34 | Violências estruturais na trajetória...

para essa tríade de violência: as redes. Uma forma fantástica de conectar pessoas, mas, também, um instrumento que encorajou muitas delas a dar transparência a seus pensamentos preconceituosos. E, nesse processo de violência, as mulheres são o alvo principal. As mulheres negras, por exemplo, são as maiores vítimas de feminicídio. Essa escalada já vem acontecendo há muito tempo.

O ambiente virtual proporcionou a liberdade de expressar a violência e a possibilidade de organização dessas "bandeiras". As manifestações de ódio proliferaram, fruto, em especial, do crescimento da intolerância num mundo cada vez mais desigual. Esse barulho que sai do virtual para o mundo real de fato tem um efeito muito nefasto e inflama ambientes já tendenciosos ao horror. O que se repete nas redes se transforma em *bullying*, em rejeição. Muitas vezes a pessoa nem sabe direito o assunto, mas vai repetindo, porque chegou para ela a informação truncada, a *fake news*, a mentira. Meu temor é a gente ter uma geração acomodada com essas coisas.

Esse ódio que ganhou a internet e, por consequência, a vida real assusta muito. Dá a impressão de que essa gente racista, machista, fascista é uma multidão. Isso dá uma profunda tristeza. Mas não me intimida. Tem muita gente que não está acostumada a sofrer na pele o ódio alheio e acaba por minimizar as cicatrizes profundas que essa violência tatua em suas vítimas. Não é meu caso. Mulher, preta, vinda da favela, infelizmente fui e continuo sendo alvo do ódio alheio.

Mesmo sendo uma pessoa com serviços prestados há mais de quarenta anos na vida pública, conhecida por muita gente, percebo o racismo, o assédio, o preconceito, a intolerância, a exclusão.

Ficam ali, incubadinhos, prontos para explodir na primeira oportunidade. Tem gente que diz que não existe racismo, que é "preconceito social". Mentira. Mesmo com a ascensão social, as dificuldades e obstáculos que a pessoa negra sofre são enormes. Se consegue morar num prédio mais ajeitadinho, tudo que acontece de errado já suspeitam que é culpa da família negra. O tratamento no restaurante é quase sempre discriminatório também.

Uma criança que nasce na favela desde muito cedo aprende a desenvolver uma casca, uma proteção, que eu transformei em luta. Eu tive que lutar desde muito cedo. Pelo direito a ter voz, pelo pão de cada dia, pelo meu corpo. Não tenho vergonha de onde eu vim. Já contei essa história algumas vezes. Meu pai era pedreiro, minha mãe era lavadeira. Bem cedo a gente se mudou para o Chapéu Mangueira, uma comunidade ali no Leme.

Com treze irmãos, precisava ajudar na renda da família e fui me virando para ajudar a botar comida dentro de casa. Como eu tive que trabalhar muito cedo, ainda criança, terminar os estudos não foi tão fácil. Vendi limão e amendoim, trabalhei na feira com a minha mãe, em fábricas, fui doméstica. Foi sacrifício, como em tudo na minha caminhada. Só que a vida foi me chamando também para o serviço público. Trabalhei como servente de escola, fui auxiliar de enfermagem, professora da escola comunitária do Chapéu Mangueira e funcionária do Detran.

Mas o que mais me cativava era o movimento de mulheres que a gente tinha na Associação de Moradores. Claro que não foi fácil conciliar o sustento com a luta política. Casei-me aos dezesseis anos, como tantas meninas na época. Já nesse tempo eu queria fazer mais coisas, mudar a realidade. Para mim, ingressar

36 | Violências estruturais na trajetória...

na luta feminista foi ao mesmo tempo um encontro e um aprendizado. Encontrei, na luta pelo coletivo, um propósito. É na coletividade, na união de vontades, que a gente derrota os poderosos e consegue um caminho: melhorar a qualidade de vida de nossa comunidade, do nosso país.

Tinha outras dificuldades e riscos. Não era uma época fácil também para qualquer tipo de mobilização e reivindicação por direitos. A gente estava no meio da ditadura militar. Ser líder de qualquer movimento virava risco de morte. Mas eu segui firme, junto com minhas companheiras e meus companheiros, e fui eleita presidente da Associação de Moradores do Morro do Chapéu Mangueira, em 1976.

Nessa época tão difícil, eu estava lá no departamento feminino da Federação das Associações de Favelas do Estado do Rio de Janeiro (Faferj) e no Centro de Mulheres de Favelas e Periferia (Cemuf). Fui tomando gosto pela luta política. Sou uma das fundadoras do Partido dos Trabalhadores, junto com Lula e tantos grandes companheiros e companheiras de luta.

Foi no PT que eu consegui me eleger vereadora no Rio de Janeiro. Imagine, em 1982, em plena ditadura, eu, mulher negra e favelada, tornei-me a primeira vereadora do Rio de Janeiro. Claro que não foi nada fácil. Aqueles homens bem-nascidos, ricos, não gostavam muito de uma mulher por lá, ainda mais negra e que morava na favela. Houve campanha de difamação, agressão por palavras e gestos. Episódios de racismo velado e também do tipo descarado. Mas eu segui em frente, com a espinha ereta e um propósito: melhorar a vida da minha comunidade, das mulheres, da população negra, dos mais pobres, alcançar a democracia.

Foi nesse turbilhão, entre mandato, família e atividades partidárias, que eu consegui me formar, em 1984, na Faculdade de Serviço Social. Aliás, entrei na faculdade junto com a minha filha, Nilcéia, equilibrando o trabalho como auxiliar de enfermagem e política.

Para enfurecer mais os racistas e o pessoal que achava que eu não estava no "meu lugar", fui eleita deputada federal constituinte em 1986. Não eram muitas mulheres deputadas naquela época. E menos ainda negros (éramos onze parlamentares negros). Tínhamos a missão de levar uma pauta de reivindicações populares e também contra o racismo.

Não foi fácil negociar com os representantes de interesses e oligarquias poderosos daquela época, com todos os privilégios que a ditadura lhes deu. Esse pessoal não tinha o menor interesse em direitos, não queria que o povo tivesse mais poder. Mas a gente conseguiu. Colocamos na Constituição Federal a cláusula pétrea de igualdade e equidade; ali o racismo foi considerado crime inafiançável. Para mim, outra vitória posterior muito pessoal, que não é só minha, foi o direito das trabalhadoras domésticas.

Eu tenho muito orgulho do meu trabalho como constituinte. Claro que não consegui colocar tudo o que queria na Constituição. Mas marquei a minha posição em vários pontos importantes. Naquela época, Nelson Mandela ainda estava preso pelo odioso regime do *apartheid* na África do Sul. Pois eu fui a favor do rompimento das relações diplomáticas do Brasil com países que desenvolvessem políticas oficiais de discriminação racial. Votei pela subordinação do direito de propriedade privada aos interesses sociais; pela criação de um fundo de apoio

38 | Violências estruturais na trajetória...

à reforma agrária; pela nacionalização do subsolo; pelo limite de 12% ao ano para os juros reais; pela limitação dos encargos da dívida externa; pela anistia às dívidas dos micro e pequenos empresários; o acréscimo de 50% na remuneração das horas extras; a jornada de trabalho semanal de quarenta horas; o limite máximo de seis horas para o turno de trabalho ininterrupto; o aviso prévio proporcional ao tempo de serviço quando da demissão dos trabalhadores; a licença-maternidade de 120 dias; a pluralidade sindical; a instituição do mandado de segurança coletivo; a descriminalização do aborto; a extensão do direito de voto aos dezesseis anos; e votei pelo presidencialismo. Fui contra a pena de morte e a favor da fixação do mandato do presidente José Sarney em quatro anos. Todas bandeiras do PT, dos movimentos sociais e de forças progressistas, inclusive de outros partidos.

Mas, se por um lado eu era uma deputada, uma autoridade, fazendo uma das tarefas mais importantes que um parlamentar eleito pode fazer, que é ajudar a escrever a Constituição democrática, para nos livrar dos resquícios da ditadura e proteger nosso povo, de outro, ainda enfrentava a dor que todas as negras e todos os negros enfrentam cotidianamente no nosso país. Ou você acha que eu era tratada como os brancos dentro do Congresso Nacional, nos prédios onde entrava? Porque o racismo não respeita nem mesmo a autoridade que os votos nos conferem. Quando cheguei à Câmara dos Deputados e fui pegar o elevador, um funcionário muito educado foi me dizer que ali era só para deputados. Eu respondi: "Que bom, aqui que é o meu lugar." Não sou de abaixar a cabeça nem ceder.

E eu fui em frente, porque não sou de me conformar e sempre tive a consciência de que o nosso povo precisa de mais, muito mais. Reelegi-me deputada federal com mais de 54 mil votos. Nesse segundo mandato, fui uma das criadoras de uma Comissão Parlamentar de Inquérito (CPI) para investigar o extermínio de crianças e adolescentes no Brasil. Em julho de 1990, houve uma chacina que matou onze crianças da favela de Acari. Nem preciso dizer que a maioria era preta. Foi algo que me chocou muito. As mães de Acari fizeram uma mobilização incrível. A CPI mexeu num vespeiro, mas, infelizmente, não conseguimos evitar que outras chacinas acontecessem depois, em Vigário Geral e na Candelária. A política de extermínio do povo negro vem de longe.

Não foi só no Rio de Janeiro. Aconteciam coisas horríveis em outros lugares do país. Sempre houve forças policiais de valores corruptos. Hoje está pior que naquela época, porque temos as operações policiais violentas nas favelas, atacando a população, especialmente as negras e os negros. Ou seja, as pessoas estão sofrendo mais, porque sequer podem fazer compras fora de onde as milícias indicam, e temos a situação das pessoas mais vulneráveis pagando mais caro pelo gás, pagando taxas. Sem o Estado ou políticas públicas para defendê-las.

Mas, voltando àquela legislatura, fui também a presidente da CPI que investigou a esterilização em massa de mulheres no Brasil. O relatório final que produzimos mostrou que foram mais de 7,5 milhões de brasileiras esterilizadas contra a própria vontade. A maioria nem sabia que tinha feito ligadura. Nós, que somos mulheres, enfrentamos obstáculos até para ter filho. O resultado dessa

40 | Violências estruturais na trajetória...

CPI foi fazer o planejamento familiar ser visto com novos olhos. O Ministério da Saúde teve que implantar um Programa de Assistência Integral à Saúde da Mulher. Nesse mandato eu também fui vice-presidente da CPI sobre a exploração sexual infantojuvenil, um tema em que avançamos muito por conta da discussão que começou justamente nessa comissão.

Minha primeira vez como candidata à Prefeitura do Rio de Janeiro foi em 1992, pela Frente Feliz Cidade, uma coligação de partidos de esquerda formada pelo PT, PSB, PPS e PCB, tendo como candidato a vice o também deputado federal Sérgio Arouca, do PPS. Foi uma campanha dura, que mostra como a máquina do sistema trabalha para massacrar as pessoas, especialmente se for da favela, mulher e preta. No primeiro turno eu tive 833.559 votos (32,94% do total de votos válidos), fui a mais votada. Enfureci as elites novamente!

Já naquela época a gente viu na cidade a máquina do ódio funcionando, formando a polarização ideológica entre o meu adversário, o Cesar Maia, que era do PMDB, e eu. Começaram a acontecer algumas "coincidências". Está nos jornais da época – e eu não estou dizendo que foi responsabilidade do meu adversário. Não era só ele que queria evitar uma mulher negra, do PT, defensora das domésticas e do povo da favela na Prefeitura do Rio.

Já no primeiro fim de semana após a divulgação dos resultados do primeiro turno, as praias da Zona Sul foram palco de arrastões praticados por meninos e adolescentes que teriam vindo da favela. E eu, a ex-presidente da CPI que investigou o extermínio de crianças e adolescentes, era tachada como a defensora dos "pivetes".

O meu adversário, Cesar Maia, pode não ter nada com isso, porém, em seus programas no horário eleitoral gratuito no rádio e na televisão, só faltou dizer que a minha vitória ia ser a liberação dos arrastões, trazendo caos urbano e desordem social generalizada. Na época, o governador Leonel Brizola e o secretário estadual de Segurança Pública, Nilo Batista, chegaram a levantar a suspeita de que os arrastões foram articulados para prejudicar a minha candidatura. Aí começaram uma campanha suja de acusações para atingir a mim e à minha família, que contou com a sórdida participação de setores da imprensa local. Ainda assim, perdi por uma diferença pequena, de cerca de 68 mil votos.

Voltei para o meu mandato na Câmara. Orgulho-me muito de, em 1993, como titular da Comissão de Relações Exteriores, ter conseguido promover iniciativas voltadas para a aproximação comercial e cultural do Brasil com os países africanos. Fui autora e consegui transformar em lei a regulamentação da profissão de assistente social e a criação do Conselho Nacional da Criança e do Adolescente.

Tive mais votos para senadora do que no segundo turno para a Prefeitura do Rio de Janeiro. Fui eleita senadora com mais de 2,4 milhões de votos. A primeira senadora declarada negra do Brasil. Olha o peso e a responsabilidade.

No Senado, mantive a luta contra o racismo e a favor das mulheres, dos direitos dos mais pobres. Conquistamos uma vitória que se tornou símbolo, o Dia Nacional da Consciência Negra. Se não é feriado em todos os lugares, é um dia marcado no nosso país para falar do nosso povo escravizado, que ainda é maltratado até hoje.

42 | Violências estruturais na trajetória...

Fui eleita vice-governadora e assumi o governo durante nove meses. A primeira governadora e a primeira negra ocupando o posto. Nesse curto espaço de tempo, consegui trazer para o estado do Rio de Janeiro muita coisa. A começar pela representatividade no primeiro escalão, que tinha 20% de negros. Claro que tentavam me desmoralizar. Implantei uma estratégia de segurança pública que seria avó dos *drones* usados hoje em dia, com dirigíveis monitorando de cima a cidade do Rio para balizar os dados de inteligência. Prendemos o então chefão do tráfico, Elias Maluco, sem derramar sangue da população, dentro da favela. Fui pioneira na implantação de cotas no ensino superior na Universidade do Estado do Rio de Janeiro (Uerj).

O Brasil melhorou muito com a eleição do presidente Lula e, depois, com a presidenta Dilma. Principalmente em relação às cotas, ao mercado de trabalho e às políticas de igualdade racial. Botamos em prática uma série de ações afirmativas, avançamos nessas pautas e no fortalecimento dos direitos.

No primeiro governo Lula, fui ministra de Desenvolvimento Social, ajudando a implantar o Fome Zero, embrião do Bolsa Família. Depois fui secretária estadual de Assistência Social e Direitos Humanos do Rio de Janeiro e levei para mais de trinta comunidades cursos de capacitação para jovens e mulheres, entre outras ações, praticamente zerando a violência envolvendo jovens nessas comunidades. Tenho muito orgulho desse trabalho.

Voltei ao Congresso Nacional em 2010 como deputada federal. E tive a felicidade de ser a relatora da Proposta de Emenda à Constituição (PEC) que ampliou os direitos trabalhistas das trabalhadoras domésticas, ouvindo as companheiras e construindo com elas a lei. Dos nove direitos previstos pela PEC, consegui acrescentar mais dezesseis. A presidenta Dilma sancionou. Fui para a tribuna usando uniforme de doméstica, para mostrar que estava ali representando as minhas companheiras de luta. Faço questão de lembrar de onde eu vim.

Depois do golpe contra Dilma, que tantos ataques machistas sofreu, o retrocesso no nosso país é imenso. É como se abrissem uma torneira e o ódio escorresse como um turbilhão. Claro que mobilizado pelo atual governo.

A violência contra a mulher está uma coisa terrível. O racismo, nem se fala. A população em situação de pobreza, passando fome. Se tudo já estava ruim, a atitude de Bolsonaro considerada por muitos como criminosa e genocida só agravaram a situação. E quem é a principal vítima? A população negra das favelas, as grávidas negras, os idosos negros.

A saída é a união das forças democráticas. Precisamos derrotar esse esgoto que transbordou com a ascensão de Bolsonaro. Esse governo conseguiu agravar a pandemia, destruir nosso meio ambiente, solapar os direitos. Estamos vivendo um momento muito difícil. Para essa gente, o racismo e o machismo que estavam escondidos viraram uma espécie de troféu. Nós estamos vendo o que acontece com a Fundação Palmares, com o setor cultural, com a educação.

Ainda assim, temos conseguido vitórias importantes. Conseguimos aprovar a Lei Aldir Blanc, para auxiliar os trabalhadores e artistas durante a pandemia. Ampliamos para R$ 600 o auxílio emergencial (o governo Bolsonaro queria pagar só R$ 200).

44 | Violências estruturais na trajetória...

Foi necessária ainda mais luta política para garantir o pagamento continuado no período pandêmico.

Minhas vitórias também transparecem. Minha consulta ao Tribunal Superior Eleitoral (TSE) sobre a divisão de recursos do fundo partidário e as cotas para candidatos negros virou garantia no Supremo Tribunal Federal (STF) e trouxe toda uma discussão sobre a representatividade política de negros e negras. Certamente contribuiu para que muitas candidaturas negras acontecessem e fossem vitoriosas nas eleições de 2020.

Mas eu também tive meus percalços. Apesar de sempre muito bem recebida nas comunidades e nas ruas (sempre respeitando o uso da máscara e do álcool em gel), enfrentei uma campanha para a Prefeitura muito dura, com ataques machistas e racistas. Até ameaça de morte eu recebi. Inclusive, nos meus perfis nas redes sociais elas nunca cessaram.

É preciso avançar no controle social das plataformas da internet e avançar no combate diário ao racismo fora delas. Precisamos de medidas mais efetivas de mobilização da sociedade e de todas as forças democráticas para vencer o obscurantismo. Porque o ódio não acaba de forma fácil, e precisa ser contido de maneira firme.

3. NÃO, NÃO SOMOS TUA EMPREGADA

Bruna Rodrigues e Daiana Santos

Bruna Rodrigues é nascida e criada na Vila Cruzeiro, em Porto Alegre, Rio de Grande do Sul. Filha de empregada doméstica e gari, considera-se filha das políticas sociais. Frequentou escolas públicas, foi atendida integralmente pelo SUS e sente na pele a importância de uma política de assistência e de acolhimento integral à população. Foi eleita ao cargo de vereadora da cidade de Porto Alegre em 2020 pelo PCdoB.

Daiana Santos é filha de empregada doméstica, nascida no interior do Rio Grande do Sul, moradora da Vila das Laranjeiras, no Morro Santana, em Porto Alegre. É educadora social, sanitarista, lésbica, feminista e ativista social. Em 2020, foi eleita vereadora de Porto Alegre, a primeira LGBTQIA+ assumida da cidade, e com isso o morro desceu para o asfalto.

Quando se confirmou a eleição de duas mulheres pretas periféricas para a Câmara de Vereadores de Porto Alegre na noite daquele 15 de novembro de 2020, pareceu que a política valia a pena. Afinal, defendemos o sonho de uma cidade de esperança, certas de que uma cidade boa para as mulheres seria uma cidade boa para todas as pessoas. No início daquele curto segundo turno, nossa turma comemorou a eleição da bancada negra. Além de nós, mais duas mulheres e um homem negro foram

46 | Não, não somos tua empregada

eleitos para a Câmara Municipal da capital mais racista do país, segundo dados do IBGE.[1] Embora cheias de esperança, em 19 de novembro, o assassinato de Beto, no estacionamento de um supermercado da cidade, nos lembrou de que o racismo estrutural é implacável e que teríamos de seguir reafirmando dia a dia que vidas pretas importam.

Estávamos prontas para o combate, certas de que estávamos em outra condição. Afinal, agora detentoras de mandato parlamentar, o respeito em relação ao nosso corpo seria outro, e nossa função no parlamento seria estender esse respeito e acolhimento a outros corpos como os nossos. Ledo engano!

> Muitos deles jovens, negros. [...] Sem nenhuma tradição política, sem nenhuma experiência, sem nenhum trabalho e com pouquíssima qualificação formal.[2]

Esse é um trecho de um áudio enviado por um ex-vereador da cidade e candidato a prefeito no pleito de 2020, que, salvo engano, encenou com a família uma dancinha celebrando a morte de pessoas pela covid-19.

---

1. Ana Carla Bermúdez. "Porto Alegre lidera desigualdade entre negros e brancos no país." Uol, 10 maio 2017. Disponível em: <www.noticias.uol. com.br/cotidiano/listas/porto-alegre-lidera-desigualdade-entre-negros-e- -brancos-no-pais.htm>. Acesso em: 1 fev. 2022.
2. Fabiana Bonugli. "'Muitos deles, jovens, negros. Sem tradição política', diz Valter Nagelstein sobre vereadores do Psol eleitos em Porto Alegre." G1, 18 nov. 2020. Disponível em: <www.g1.globo.com/rs/rio-grande-do-sul/ noticia/2020/11/18/nenhuma-tradicao-politica-sem-nenhuma-experiencia- -diz-valter-nagelstein-sobre-vereadores-do-psol-eleitos-em-porto-alegre. ghtml>. Acesso em: 1 fev. 2022.

Os dois fatos ocorridos antes de tomarmos posse foram muito significativos, e não aconteceram por acaso. Na morte de Beto, o racismo estrutural veio à tona, e o vereador citado expressou alto e bom som todo o seu preconceito de classe, racismo e misoginia, por não suportar mulheres negras de origem popular ocupando espaços de poder na política. Rostos como o nosso não são comuns nos espaços de poder, a não ser para servir e limpar. Ao longo do primeiro ano de vereança, as violências foram múltiplas, contra uma, contra a outra, contra as duas, contra todas.

Contra uma

Lembro de quantas vezes, desde muito jovem, me disseram que eu precisava me colocar no meu lugar. E sempre questionei o tal lugar, aquele em que eu só podia ser a empregada doméstica, a moça da higienização ou a cozinheira. Lembro de quantas vezes tive que desistir de estudar. E ser mãe jovem fala muito sobre as mulheres como eu. Eu, quando fui mãe, vi na maternidade o aumento das minhas angústias. Não queria que a vida da minha bebê fosse como a minha. No fundo, algo não me deixava acreditar que era esse nosso limite, ou nosso lugar.

Aos dezesseis anos estava grávida da minha filha, Kamily. Mesmo sem ainda tê-la nos braços, via o sufoco de outras mães da Vila Cruzeiro, bairro periférico de Porto Alegre, à procura de uma vaga na creche. Minha história com a política se intensificou ali, ao me ver diante do que significa não ter o amparo do Estado e não ter onde deixar a minha filha quando precisasse sair para trabalhar e colocar comida na mesa.

48 | Não, não somos tua empregada

Foi em um momento de dúvida se teria vaga na creche para minha filha que conheci a Manuela d'Ávila, na época candidata a vereadora de Porto Alegre. Eu estava sentada no cordão da calçada, amamentando a bebê de seis meses, e ela fazia campanha na comunidade onde eu morava. Esse dia mudou nós duas, me fez olhar para a política com atenção. Sonhamos, lutamos e conquistamos juntas a creche na comunidade, a Tronquinho.

Depois disso, acompanhei a Manu de 2008 a 2018. Aprendi muito sobre o quanto é difícil ser mulher e ocupar espaços políticos. Tais lugares são reservados aos homens por "tradição".

Imagine, então, ser uma preta, uma mulher a quem a sociedade impõe lugares subalternos preestabelecidos. Ocupar a política é luta dobrada. Foram as minhas vivências e a luta coletiva que me fizeram chegar até o parlamento. As batalhas que travei eram necessárias para a superação das dificuldades enfrentadas.

Nossa posse ocorreu em meio à pandemia, às vésperas do período de maior número de mortes e casos graves. Com acesso restrito às galerias, só podiam ingressar no plenário as vereadoras e os vereadores. Lembro da primeira sessão nesse plenário, foram muitos gritos ao pé do meu ouvido, mas, para além dos barulhos de uma sessão tumultuada, fui barrada três vezes de entrar no plenário... Três vezes.

Esses episódios foram tão violentos que demorei a falar publicamente sobre eles. Tenho dito que a soma do machismo, do racismo e da homofobia são formas muito potentes de manutenção da desigualdade. São aquelas barreiras tão grandes que, mesmo você sendo a melhor das melhores, podem te derrubar. Porque não se trata de ti, ou do quanto tu estás disposta a ser boa. Trata-

-se da forma como a sociedade te vê, de como ela te concebe. E de quais oportunidades estarão à tua disposição.

Talvez eu só tenha compreendido totalmente o ocorrido no dia em que meu gabinete foi plotado (colamos imagens da campanha e das lutas populares). Terminou a colagem e eu ouvi um burburinho do lado de fora. Saí e encontrei as gurias da limpeza, funcionárias terceirizadas, na maioria negras, que olharam as imagens da porta do gabinete e se enxergaram... Uma delas, uma de nós, chegou ao poder. Nós também podemos!

Quando achei que a luta política se daria no campo das ideias e que dentro do plenário os embates seriam de posicionamento, escuto do vereador que defende o presidente que para muitos é um genocida: "Tu tem muito tesão por mim, né?"

Na hora, como ocorre com muitas das mulheres que são atacadas sexualmente, demorei a compreender. Na verdade, acho que demorei a acreditar que ele teve a audácia. E teve! Depois de abrir representação contra ele, ir à delegacia da mulher e divulgar o ocorrido aos quatro ventos, sigo sendo questionada por meus pares se aquilo não foi só uma brincadeira ou se eu tinha ouvido direito. Tentam me desacreditar e minimizar os fatos. Por que seguir adiante? Sigo porque, se comigo, parlamentar, ele teve coragem de fazer isso, o que será que fez com a estagiária, com a moça da limpeza ou a senhora do café?

E não, isso não vai ficar assim. Mesmo engavetada a denúncia dentro da Câmara, nossa bancada propôs o projeto de resolução para que atos de violência política de gênero sejam enquadrados como quebra de decoro parlamentar.

50 | Não, não somos tua empregada

Poucos dias após esse episódio, uma mensageira do racismo, *dentro do plenário*, disse que eu era empregada dela.

O que significa uma mulher branca chamar uma mulher negra de empregada?

A ofensa não está em ser uma trabalhadora doméstica; a ofensa está em reafirmar o lugar onde ela, no auge do seu preconceito, me permite estar. Ela está dizendo que não importa eu ter chegado até aqui, que não importa a luta para conquistar 5.366 votos, que não importa eu ter contrariado as estatísticas. Na cabeça dela, eu sempre vou ser a empregada, aquela em quem ela pode mandar.

Lutei muito para que essa não fosse minha única possibilidade ou lugar, me esforcei muito para que a minha filha não tivesse limites impostos à sua capacidade ou possibilidade de se desenvolver. Mas o racismo constrói grandes barreiras à nossa frente, nos separa, nos limita e diz os lugares onde podemos estar. Derrubaremos uma por uma dessas barreiras, para que nada nos limite.

Por meio da política, comecei a construir o meu caminho enquanto militante e hoje sou vereadora de Porto Alegre. Jamais me esquecerei do compromisso que tenho com as mulheres negras e mães, da minha cidade e do meu país. A política tem este poder: mudar a vida das pessoas. Eu quero mudar para melhor!

Contra outra

"Não basta ser preta e comunista, ainda tem que ser sapatão?" É o que perguntam os que nos odeiam. Eles que, escondidos em seus IPs não encontrados e e-mails criptografados, criam coragem de fazer ameaças virtuais que pretendem levar, e já levaram, para o mundo real.

Minha sexualidade se torna o elemento amplificador da violência que sofro e das ameaças que recebo.

Se prepare que só vai levar na cabeça.

Foi um dos comentários em um *post* no Instagram quando saudamos o legado de Rosa Parks, no início de 2021, logo depois que fui empossada vereadora.

O caminho até a Câmara Municipal foi longo. Nasci em Júlio de Castilhos, município com menos de vinte mil habitantes do interior do Rio Grande do Sul, no seio de uma família de mulheres. Mulheres que lutaram muito para sair da situação de vulnerabilidade em que se encontravam.

Como educadora social, eu conhecia bem as necessidades de desenvolvimento de projetos de geração de renda, oferta dos restaurantes populares para a segurança alimentar, ampliação do aluguel social e das vagas em albergues e abrigos. As dores de quem está vulnerável já doeram em mim.

No final do mês de março de 2020, quando a pandemia da covid-19 chegou a Porto Alegre e a cidade entrou em isolamento social, sabíamos que mulheres pretas e pobres seriam as mais atingidas pela pandemia de doença e de fome. Foi aí que idealizamos o Fundo de Amparo ao Combate à Fome para mulheres em situação de vulnerabilidade, o Fundo das Mulheres POA. Atendemos mais de oito mil mulheres chefes de família, em trinta comunidades e ocupações, em ações de segurança alimentar

52 | Não, não somos tua empregada

e educação em saúde. Foram distribuídas mais de sessenta toneladas de alimentos, além de produtos de higiene e limpeza, roupas, cobertas e máscaras de proteção facial. O contato com tantas mulheres, com tantas urgências, me deu a certeza de que poderia fazer mais.

Como vereadora, cheguei com minha bandeira do Orgulho LGBTQIA+ e eles se incomodaram. Eles se incomodam com minha sexualidade, com a defesa das mulheres, com o fato de chamar o exercício da vereança da *mandata* e tudo mais que pode afrontar a misoginia que sustenta as estruturas de poder contra as quais lutamos. Tenho muito orgulho da equipe da mandata ser composta de mulheres, negras, negros e pessoas da comunidade LGBTQIA+.

No início da legislatura foi lindo ver a reação das funcionárias do setor de café quando descobriram que eu era a vereadora. Uma mulher preta, parecida com a maioria delas. Mas minha cor também garantiu que na agência bancária da Câmara eu fosse barrada mais de uma vez.

Recentemente, os vereadores da bancada negra receberam um e-mail padrão com ameaças sérias vindo de um servidor de difícil rastreio e com uma assinatura utilizada pelos grupos que se organizam nos *chans*.[3] Um dos e-mails, porém, era diferente dos outros. O que eu recebi dizia: "Comunista, preta e sapatão, uma desgraça tripla. Só por isso merece morrer."

---

3. Fóruns de discussão anônimos na zona mais obscura da internet utilizados para articular grupos fascistas, misóginos, racistas e LGBTfóbicos.

Esse é um dos recados que compuseram a série de ameaças que planejava um ataque para matar as vereadoras e o vereador da bancada negra. Aqui também a misoginia e o racismo são potencializados pela lesbofobia.

A violência dos ataques seguiu com a minimização da gravidade dessa denúncia, que sabemos partir de grupos com atuação séria em redes de ódio com ações contra mulheres, negras, da comunidade LGBTQIA+, ou seja, pessoas como eu, a quem eles chamam de "desgraça tripla". O grupo que nos atacou, ou um grupo como o que nos atacou, é responsável por massacres como o ocorrido na escola em Realengo e por uma série de ameaças virtuais, nas quais basta um "lobo solitário" para saírem do mundo virtual para o real.

Contra todas

O ambiente das delegacias é frequentado comumente pela juventude negra. Não a convite ou para prestar queixa, e sim na condição de suspeitos, réus e quando são confundidos com meliantes. Afinal, para os brancos, somos todos iguais. Aliás, é recorrente trocarem nosso nome. Na Câmara, somos quatro mulheres negras: nós – Bruna e Daiana –, do PCdoB, Karen, do Psol, e Laura, do PT. Em comum, temos a cor da pele. Mas eles insistem em nos confundir, ainda que sejamos fisicamente bem diferentes. Já nós temos que saber o nome e o sobrenome de homens brancos, de idade similar e em ternos de cores sóbrias. E eles insistem em confundir nosso nome. Sabemos que isso tem a ver com a desconstrução e a desumanização de nossa

54 | Não, não somos tua empregada

personalidade. Assim fica mais fácil nos agredir, assim fica mais fácil nos desqualificar.

Aliás, não é só da direita que chegam as agressões. Um dos primeiros contatos que tivemos com a polícia depois de nossa posse foi para denunciar uma ameaça feita por um cara dito progressista: "Vou tocar um molotov dentro do gabinete para se ligarem", disse ele em um grupo de WhatsApp.

Viramos "figurinha certa" na delegacia de combate à intolerância. Acompanhamos o dedicado trabalho feito pela delegada Andréa, mas o real motivo de estarmos sempre lá é que as violências são muitas. A mais notória, até agora, ocorreu no dia em que um grupo de "cidadãos de bem" foi autorizado a ingressar no plenário — até então restrito ao público — para protestar contra a exigência de passaporte vacinal. A agressão física a vereadores, a exibição de uma suástica e uma série de impropérios não foram suficientes para as "belas mulheres" que estavam lá defendendo seu direito de contaminar outras pessoas. Expulsa do plenário por compor o grupo que hasteou o símbolo nazista como um troféu, uma mulher, transbordando ódio, vociferou contra nós: "Tu é minha empregada."

Repetem, repetem e repetem... Repetem contra as vereadoras negras. Repetem contra nós, filhas de empregadas domésticas. Aquela agressão remeteu exatamente ao descrito por Preta Rara: "o quartinho da empregada é a senzala moderna". Mas algum desavisado sobre como o racismo estrutura as relações de poder no país poderia considerar, talvez, que sermos chamadas de "empregada" por aqueles cheios de ódio no olhar era apenas uma fala para ressaltar nossa função de servir ao povo – como parlamentares que somos. Na saída do Plenário Otávio Rocha, onde somos as maiores autoridades, ouvimos: "Eu sou loira, sou linda, vocês são lixo."

Caso tenham restado dúvidas a alguém, esse foi, sim, um ato de racismo deliberado, organizado e patrocinado. Dele resultou mais um boletim de ocorrência, mais um pedido de investigação e ampla divulgação, para que saibam que isso não pode se repetir.

O racismo opera legitimando uma hierarquia social, em que se torna aceitável que cargos tidos como "superiores" sejam natural-mente assumidos por pessoas em posições sociais privilegiadas. E isso ocorre ao mesmo tempo que funções de menor reconhecimento e visibilidade são relegadas e naturalizadas a pessoas negras, consideradas "inferiores". O que desacomoda (e incomoda) é ver pessoas negras em espaços de poder.

Não! Não somos tua empregada e não somos lixo! Temos muito orgulho dos trabalhos de empregada doméstica e de gari, que garantiram nosso sustento e o de nossos irmãos. Temos mais orgulho ainda de estar aqui representando essas mulheres, essas trabalhadoras.

Nossa história é coletiva porque nossos passos vêm de longe, e por muitos caminhos andamos juntas. Celebramos conquistas lado a lado e fomos o ombro uma da outra nos episódios de muita violência.

Estes relatos são da Bruna e da Daiana, mas poderiam ser da Elis, da Laura, da Karen, da Kamily, da Maria, da Virgínia, da Odete.

Infelizmente ainda são poucas de nós que chegam a lugares como o parlamento para realizar ações além de limpar e servir. Falamos das violências porque é importante não calar, é importante que saibam que seguiremos gritando, denunciando, resistindo e lutando para que nenhuma de nós tenha que passar por mais violências.

Ser antirracista é tomar atitudes concretas contra as injustiças de uma sociedade fundada no preconceito racial, é ter uma postura propositiva e reativa contra o racismo diário e institucional. É não aceitar violências simbólicas e práticas, se colocar contra opressões, não se acostumar com os bolsões de pobreza e miséria das cidades brasileiras.

Não, não somos tua empregada. Não, não e não.

Nós nos moveremos só para a frente, vivendo dia a dia o que cantou Elza Soares:

> Mil nações moldaram minha cara
> Minha voz uso pra dizer o que se cala[4]

---

4. Elza Soares. "O que se cala." Compositor: Douglas Germano. *In: Deus é mulher.* Elza Soares. Deckdisc, 2018. Álbum, faixa 1.

4. A MISOGINIA E A MANIPULAÇÃO DA MÍDIA

Dilma Rousseff

> Dilma Rousseff é ex-presidenta do Brasil, primeira mulher eleita para presidir o país. Deu início à sua vida política integrando organizações de combate à ditadura militar. Condenada por "subversão" pela ditadura, passou quase três anos presa. Na década de 1970, mudou-se para Porto Alegre e dedicou-se à Campanha da Anistia. É graduada em Economia pela Universidade Federal do Rio Grande do Sul (UFRGS). Foi secretária da Fazenda do governo municipal de Porto Alegre na década de 1980. No início dos anos 1990, presidiu a Fundação de Economia e Estatística do Rio Grande do Sul. Em 1993, tornou-se secretária de Energia, Minas e Comunicações do mesmo estado. Foi ministra de Minas e Energia até 2005 e ministra da Casa Civil no governo Lula. Em 2010, foi eleita presidenta do Brasil. Em 2014, foi reeleita. Foi alvo de um golpe de Estado disfarçado de impeachment em 2016.

No Brasil, vários recursos são usados para desqualificar e interditar lideranças políticas, que não são tratadas como adversários, mas como inimigos que devem ser destruídos, em especial aqueles contrários à agenda neoliberal e ao conservadorismo de direita. As *fake news* e outros diferentes tipos de manipulação midiática tornaram-se uma das maneiras de disseminar ódio, violência e todas as formas de preconceito, um instrumento por

58 | A misoginia e a manipulação da mídia

excelência de ataque nesta época de grande predomínio das redes sociais. Nesse contexto, a misoginia na sociedade, nas instituições e na mídia vem sendo uma poderosa arma de controle e dissuasão da atividade política das mulheres e se manifesta principalmente em períodos eleitorais, durante governos e na atividade parlamentar. Recentemente, no pleito municipal de 2020, vivemos uma perseguição sistemática a candidatas a prefeitas e vereadoras, e em 2016 o foco foi construir as condições para o golpe. Vou enfatizar neste texto uma das formas empregadas pelo aparato midiático dos grandes grupos de comunicação com o objetivo de influenciar, controlar, distorcer e, enfim, dominar a visão da sociedade sobre mim e o meu governo, propiciando a ruptura institucional do golpe de 2016, com o suporte específico da misoginia.

A tradicional e monopolista mídia brasileira fez o possível e o impossível, praticou o inaceitável e o eticamente condenável modelo de manipulação, com vistas a desinformar. Atuou como partido político, no sentido apontado pelo pensador marxista italiano Antonio Gramsci, ao se tornar protagonista da criação do ambiente que levou ao rompimento com a democracia em 2016 e nos conduzir à situação desastrosa que o Brasil enfrenta hoje.

Com Bolsonaro, vivemos a sequência daquele golpe, sempre reproduzido e continuado. A mídia – os três maiores jornais do país – agiu deliberadamente, por meio da manipulação de informações, para: tentar impedir a quarta vitória presidencial consecutiva do PT, em 2014; buscar desestabilizar o governo que havia sido reeleito; sustentar a farsa jurídica e política que levou a um golpe de Estado disfarçado de impeachment; tentar minar a imagem do Partido dos Trabalhadores junto ao povo brasileiro e a reputação de Lula como maior líder popular da história, interditando sua candidatura à Presidência em 2018; e reconduzir ao poder o neoliberalismo, eleger e dar suporte a um neofascista desqualificado.

Nesse processo, a liderança inconteste foi empalmada pelo maior conglomerado de mídia de nosso país, com seus jornais, rádios e emissoras de televisão e com ampla e incondicional cumplicidade ativa das demais grandes empresas de comunicação, todas elas pertencentes, em regime de oligopólio, à meia dúzia de famílias bilionárias que sempre se beneficiaram de todos os regimes que ajudaram a erguer e sustentar.

Não houve conceito jornalístico, norma ética e princípio civilizatório que a imprensa não tenha atropelado com o objetivo de provocar a retirada do PT do poder e tentar, até aqui sem sucesso, destruir o partido. Nenhuma artimanha lhe foi estranha, apelou a todos os recursos: mentiras, falsificações, facciosismo, inversão dos fatos, pressão sobre autoridades e instituições, teorias da conspiração, preconceitos de classe e, especificamente no meu caso, escancarada misoginia. Predominou, sempre, a manipulação para iludir o público e induzi-lo a erro de avaliação.

Isso se deu pela manipulação – de conteúdo, gramatical e de ênfases – em centenas de manchetes e editoriais de jornais e revistas, milhares de títulos internos, textos e notas de colunistas e horas a fio de áudios em emissoras de rádio e reportagens de televisão, invariavelmente com a intenção de provocar no público emoções e sentimentos negativos contra mim e contra Lula. E também se deu, fortemente, por meio de notas, reportagens, manchetes, fotos

60 | A misoginia e a manipulação da mídia

e capas indisfarçavelmente misóginas, para impor os grilhões do patriarcado à primeira mulher presidenta do Brasil.

É fato que a circulação, o número de assinantes e a audiência dos jornais impressos no Brasil vêm caindo significativamente ao longo da última década. Tornaram-se muito menos relevantes para seus leitores diretos, mas não perderam a capacidade de repercussão. As manchetes e as principais notícias dos jornais impressos são transcritas, citadas, comentadas e ampliadas em todas as mídias: nas versões eletrônicas do próprio jornal, nas rádios, na internet e, de forma mais impactante, nos telejornais. Assim, uma manipulação cometida de manhã pela edição impressa do jornal de maior circulação no Rio de Janeiro estará sem dúvida nos telejornais da mesma rede, será repetida e comentada *ad nauseam* em seu canal pago de notícias, será notícia o dia todo na sua rádio, copiada e repetida pelos demais meios de comunicação, circulará intensamente nas redes sociais e terá o seu momento culminante, às oito da noite, em intermináveis minutos no seu principal telejornal, que reúne a maior audiência do país. É um *tsunami* de manipulação. Muitas vezes, foi só para isso que uma determinada manchete de jornal chegou às bancas de manhã. Esse efeito dominó do monopólio é social e politicamente pernicioso, o que evidencia que o poder antidemocrático decorrente de um mesmo grupo controlar todas as espécies de mídia deve ser banido.

Pesquisadores que estudam o tema da manipulação midiática identificam com precisão esse processo na imprensa brasileira. Um deles é Teun Adrianus van Dijk, linguista renomado por sua contribuição ao campo da análise do discurso, autor de um trabalho denominado "How Globo media manipulated the impeachment of Brazilian President Dilma Rousseff" [Como a Rede Globo manipulou o impeachment da presidenta do Brasil, Dilma Rousseff].[1] Ele mostra que a manipulação se deu pela insistência de apresentar suspeitas como fatos, sem as ressalvas que se deve fazer a acusações não julgadas. O público tem dificuldade de distinguir fatos de acusações, quando estas são repetidas todos os dias, sem espaço justo para defesa. O autor lembra que o Grupo Globo "reagiu furiosamente à denúncia de que o impeachment era golpe", o que foi defendido, e até hoje é, por uma parte da população, por juristas independentes e pela imprensa estrangeira, porque o grupo tem sua história manchada pelo apoio ao golpe militar de 1964 e porque ficava evidente que as pedaladas fiscais eram apenas um pretexto para um impeachment que, na verdade, foi uma conspiração golpista na qual a própria Globo desempenhou papel importante. Segundo o estudo, a principal estratégia de manipulação da Globo foi a demonização e a deslegitimação dos presidentes Lula e Dilma, condições cruciais para o impeachment e o bloqueio da candidatura de Lula nas eleições presidenciais de 2018.

Van Dijk conclui:

> [...] uma análise das manchetes e editoriais do Grupo Globo mostrou que o jornal manipulou sistematicamente seus leitores, opinião pública e políticos

---

1. Teun A. van Dijk, "How Globo media manipulated the impeachment of Brazilian President Dilma Rousseff". *In: Discourse & Communication* vol. 11(2), fev. 2017, pp. 199-229. Disponível em: <www.doi.org/10.1177/1750481317691838>. Acesso em: 28 jan. 2022.

para promover e legitimar um golpe como impeachment constitucional de Dilma Rousseff. Fez isso não apenas por jornais diários e editoriais sobre a suposta conduta criminosa de Dilma, Lula e do PT, mas também por diversas estratégias discursivas, como apresentar as denúncias como fatos, celebrar e legitimar o juiz anti-PT Sérgio Moro, realizar cobertura populista de manifestações [...] e atacar a acusação de que o impeachment foi na verdade um golpe político.

O Grupo Globo tornou-se "porta-voz de uma conspiração ideológica da oligarquia conservadora para retornar ao poder político após treze anos, confirmando e dando continuidade ao seu poder econômico".

A linguista brasileira Letícia Sallorenzo assina um livro, a partir de sua dissertação de mestrado, *Gramática da manipulação*,[2] no qual corrobora a conclusão de que a imprensa exerceu forte manipulação política, não apenas durante o processo do golpe, mas antes dele, já na campanha eleitoral de 2014. A autora analisou 340 manchetes e títulos dos jornais *O Globo* e *Folha de S.Paulo*, publicados nas quatro semanas finais da campanha do segundo turno, e identificou também forte conteúdo misógino na escolha das palavras e na sintaxe dos títulos.

---

2. Letícia Sallorenzo. *Gramática da manipulação: como os jornais trabalham as manchetes em tempos de eleições (e em outros tempos também)*. Belo Horizonte: Quintal Edições, 2018.

Nos 340 títulos não havia nenhum que pudesse ser considerado desfavorável a Aécio Neves ou que o diminuísse. Quando os títulos relatavam alguma crítica feita por mim a adversários, a forma gramatical mais usada era "Dilma ataca", jamais "Dilma critica". Aécio, por sua vez, nunca era identificado em títulos com o verbo "atacar". O tratamento diferenciado caracteriza misoginia disfarçada, para induzir o leitor. "Atacar" é um verbo agressivo, desumanizado, indica ação típica de quem perde o controle. Para os misóginos, coisa de mulher. Já "criticar", verbo destinado a Aécio nos títulos, pressupõe raciocínio e equilíbrio. Coisa de homem.

Um dos títulos analisados – "Debate acalorado tem ataques pessoais; no fim, Dilma passa mal"[3] – repete o mantra misógino. Os ataques não foram mútuos, partiram apenas de Aécio, que é poupado no título. Mas a manchete sugere que eu tive um mal-estar após o debate, por não ter resistido aos ataques pessoais que sofri. De novo, a imposição da tradição patriarcal, que relaciona as mulheres à fragilidade, à delicadeza e ao despreparo. A manchete convida o leitor a pensar dessa forma.

Na mesma semana, *O Globo* publicou como seu principal título de política a seguinte manchete: "Dilma parte para ataque pessoal e acusa Aécio de uso da máquina."[4] Um leitor isento indagaria: como chamar de ataque pessoal se foi uma acusação por uso da máquina administrativa? Ainda que a ideia de "ataque"

---

3. *Folha de S.Paulo*, "Debate acalorado tem ataques pessoais; no fim, Dilma passa mal", ano 94, n. 31.243, 17 out. 2014, Primeira página.
4. *O Globo*, "Dilma parte para ataque pessoal e acusa Aécio de uso da máquina", ano XC, n. 29.651, 12 out. 2014, Caderno Eleições 2014.

64 | A misoginia e a manipulação da mídia

tenha se tornado obrigatória quando se tratasse de críticas feitas por mim, seria um ataque político, não pessoal. Letícia Sallorenzo identifica aqui, de novo, sinais de misoginia, "explorando o estereótipo da mulher com reações histéricas".

E, no entanto, contra o desejo da imprensa, eu venci a eleição. Mas os dois maiores jornais impressos do país não se deram por vencidos. Nas 72 horas depois do resultado das urnas, publicaram oito manchetes em que eu era identificada como "derrotada". Isso porque a Câmara vetou projeto do meu governo que fora apresentado quatro meses antes da eleição, no qual se regulamentava a participação da sociedade civil por meio dos conselhos populares. Dois daqueles títulos foram: "Câmara impõe primeira derrota a Dilma após a reeleição";[5] e "Congresso ameaça impor novas derrotas a Dilma no plenário".[6] Aqui, a versão é que os homens que presidiam o Legislativo mostraram seu poder e "colocaram contra a parede" uma mulher, mais uma vez apontada como vulnerável. Os jornais sugerem ao leitor uma ideia de supressão do poder da recém-eleita por outro poder institucional. Em tempo: a manipulação era tão grosseira que até o momento em que escrevo este texto o projeto não foi vetado em definitivo. O que importava era apenas a sensação transmitida ao leitor, a construção de um ambiente de hostilidade e a imposição da misoginia.

---

5. *Folha de S.Paulo*, "Câmara impõe primeira derrota a Dilma após a reeleição", ano 94, n. 31.255, 29 out. 2014, Primeira página.
6. *Idem*, "Congresso ameaça impor novas derrotas a Dilma no plenário", ano 94, n. 31.256, 30 out. 2014, Poder, A4.

Em sua conclusão, Letícia afirma que houve clara manipulação ideológica nas manchetes:

> Os jornais construíram uma narrativa na qual Aécio era o bom moço, capaz, preparado, ponderado, e Dilma era uma mulher desequilibrada e passional, que atacava por desespero e que, mesmo vitoriosa na eleição, foi sucessivamente "derrotada" por manchetes inócuas e com pouco ou quase nenhum conteúdo jornalístico factual.

A professora de Estudos Linguísticos Perla Haydee da Silva escreveu uma tese de doutorado[7] em que analisou três mil comentários direcionados a mim na página oficial do Movimento Brasil Livre (MBL), grupo de extrema direita que, no processo de impeachment, teve suas manifestações políticas legitimadas, toleradas e acolhidas pelo Grupo Globo e os demais grandes grupos de mídia. Segundo a pesquisadora, os ataques pessoais giravam em torno de expressões insultuosas, como "louca, burra, prostituta e nojenta", e frases do tipo "Dilma, vai pra casa", "Vai lavar roupa", "Vai vender Jequiti". A ideia era sempre associar "a imagem da mulher a um espaço doméstico, como se ela não fos-

---

7. Perla Haydee da Silva. "De louca a incompetente: construções discursivas em relação à ex-presidenta Dilma Rousseff." Tese (Doutorado) – Programa de Pós-Graduação em Estudos da Linguagem, Universidade Federal de Mato Grosso, Cuiabá, 2019. Disponível em: <www.ri.ufmt.br/handle/1/1984>. Acesso em: 28 jan. 2022.

66 | A misoginia e a manipulação da mídia

se capaz de estar em um cargo de poder ou de mando. Ela é para esse espaço, e o homem que ocupe o espaço público".[8]

A conspiração que levou ao golpe sempre dependeu de manipulação de informações pela mídia e de um componente misógino, que era acolhido sem questionamento. A rigor, não é exagero dizer que o processo golpista teve início no exato instante – 20h27m53s do dia 26 de outubro de 2014 – em que a Globo News anunciou oficialmente a minha vitória na eleição. Minutos depois, a bancada de jornalistas da emissora já discutia a possibilidade de um impeachment. Dois dias antes da eleição, Merval Pereira, que fazia parte da equipe da Globo News, já havia escrito em sua coluna no jornal *O Globo*, com base em matéria mentirosa da *Veja* (que antecipou sua edição em 72 horas para reagir às pesquisas que mostravam minha ascensão), que "o impeachment da presidente será inevitável, caso ela seja reeleita no domingo".[9]

Antes de o processo chegar ao Senado, a imprensa defendeu a minha renúncia. A *Folha* publicou editorial na primeira página cobrando que eu renunciasse, antes mesmo de a Câmara dos Deputados votar a autorização para o processo de impeachment. Claro que eu não renunciei. Se o fizesse, estaria me submetendo ao que os golpistas queriam e estaria desonrando a minha

---

8. Brasil de Fato, "'Louca, burra, prostituta': pesquisa escancara machismo contra Dilma", 6 jan. 2020. Disponível em: <www.brasildefato.com.br/2020/01/06/louca-burra-prostituta-pesquisa-escancara-machismo--contra-dilma>. Acesso em: 28 jan. 2022.
9. Merval Pereira, "Tendências e denúncias", *O Globo*, 24 out. 2014. Disponível em: <www.blogs.oglobo.globo.com/merval-pereira/post/tendencias-denuncias-553108.html>. Acesso em: 28 jan. 2022.

história pessoal. Em seguida, a imprensa passou a defender a tese de que eu não deveria ir pessoalmente ao Senado para me defender, no dia da votação do impeachment, porque seria confrontada e hostilizada pelos senadores da oposição, sobretudo a maioria formada por homens. De novo estavam evidentes ali a misoginia, o menosprezo e o machismo de quem entende que uma mulher não pode ter força para enfrentar uma situação tão difícil. E de novo fiz o que a vida me ensinou: desobedeci e encarei meus algozes de frente, porque entendia que estava no lado certo da história e tinha o dever de defender minhas posições e minha narrativa.

Desfechado o golpe, a foto oficial do ministério nomeado pelo golpista-chefe, Michel Temer, é praticamente um retrato da ordem misógina: um numeroso grupo de homens, exclusivamente, e não por acaso, também, todos brancos, nenhum deles jovem, sucedendo o governo de uma mulher, num período no qual houvera crescido a participação feminina na política, em postos de poder e em direitos. Claramente, o tablado em que se exibiam era o pódio da vitória do patriarcado neoliberal. Segundo o jurista Lucas Correia de Lima, que escreveu a respeito da cena,[10] a misoginia, o repúdio à mulher e a exclusão de gênero estiveram na origem e no desenvolvimento do processo de perturbação política e institucional que levaram ao golpe e, seria possível acrescentar, que nos conduz ainda hoje ao colapso do Brasil como nação civilizada. Para ele, o

---

10. Lucas Correia de Lima, "A misoginia política e a democracia: 'tchau, queridas!'", Jus.com.br, maio 2016. Disponível em: <www.jus.com.br/artigos/49111/a-misoginia-politica-e-a-democracia>. Acesso em: 28 jan. 2022.

68 | A misoginia e a manipulação da mídia

impeachment é tão carente de justificativa jurídica quanto é farto de ódio misógino.

Tal ressentimento já havia sido copiosamente exibido na infame sessão plenária da Câmara que deu andamento ao impeachment. Foi ali que, em meio a tantas manifestações grosseiras e abjetas, um deputado do baixo clero cometeu a ignomínia de prestar homenagem ao homem que, segundo ele, foi o meu "terror" porque teria me torturado durante a minha prisão na ditadura militar. O deputado não foi punido por isso e não foi rechaçado pela mídia com a devida severidade. Pelo contrário, dois anos depois, saltou do papel de defensor de torturador em plenário para presidente da República eleito, sob o obsequioso apoio, explícito ou implícito, da imprensa. Não pelo que ele era, pois todos sabiam o que ele era, mas pelo que representava, como aposta do mercado e do neoliberalismo.

São da mesma época do golpe duas capas que escancaram a campanha misógina contra uma presidenta eleita que a mídia queria derrubar. Uma foto publicada no *Estadão*, na cerimônia de lançamento da pira olímpica, exibe uma sobreposição de imagens que cria a ilusão de ótica segundo a qual a minha cabeça estaria em meio a chamas.[11] A imagem fazia lembrar aos mais atentos a condenação a que eram submetidas, na Idade Média, as mulheres acusadas de bruxaria, por afrontar os dogmas e a servidão feminina impostos por um mundo em que apenas os homens, da aristocracia e do clero, mandavam e tinham direitos.

---

11. *O Estado de S. Paulo*, "Fogo olímpico", ano 137, n. 44.759, 4 maio 2016, Primeira página.

No caso de outra capa daquela época, da revista *IstoÉ*, nem era preciso recorrer a analogias históricas para perceber a forte agressão misógina. A revista inventou, da foto de capa à última linha de texto, a acusação de que eu havia me tornado emocionalmente desequilibrada. A imagem da capa era uma fraude para sustentar o insulto: uma foto em que eu gritava, de fato, comemorando em um estádio um gol da seleção brasileira, e que, cortada em close no meu rosto, fazia com que parecesse uma reação histérica de descontrole em outro ambiente.[12]

A misoginia e, em muitos casos, o machismo truculento contra mim nunca receberam da imprensa a devida repreensão. Com raríssimas exceções, nem das mulheres jornalistas. Aliás, um dos autores da reportagem falsa da *IstoÉ* foi uma mulher, que era jornalista naquela revista. A escritora Simone de Beauvoir afirmou, com enorme antecedência, que "o opressor não seria tão forte se não tivesse cúmplices entre os próprios oprimidos". O que acontece, notadamente, quando o objetivo possa ser uma rápida ascensão social ou profissional.

A filósofa australiana Kate Manne, dedicada à pesquisa no campo do feminismo e da moral, facilita a identificação de atitudes misóginas nas relações sociais, no seu livro mais conhecido: *Down Girl: The Logic of Misogyny* [Garota retardada: a lógica da misoginia].[13] Ela define a misoginia como dimensão específica de uma ordem social ainda amplamente patriarcal, exercida

_____

12. *IstoÉ*, "As explosões nervosas da presidente", Capa, n. 2.417, 6 abr. 2016.
13. Kate Manne. *Down Girl: The Logic of Misogyny*. [*S. l.*]: Oxford University Press, 2017.

70 | A misoginia e a manipulação da mídia

geralmente por homens que agem como uma espécie de "polícia", cuja função é punir, reprimir e suprimir as violações às normas do patriarcado.

Segundo Kate Manne,

> [...] quando uma mulher se aventura a entrar no território historicamente reservado aos homens, sofrerá reações mais prováveis de ressentimento, indignação e hostilidade, devido à misoginia que tanto os homens como as mulheres podem demonstrar. Vários seguirão tentando colocá-la de volta em seu lugar, usando estratégias como desencorajar, ridicularizar, humilhar, desacreditar ou mesmo aludir a sua sexualidade – em suma, para silenciá-la.[14]

A filósofa afirma que é ingenuidade interpretar a misoginia como ódio e desprezo por todas as mulheres. Na verdade, a misoginia só visa às mulheres que se desviam de padrões dominantes, a começar pela norma segundo a qual aos homens é que cabe o exercício do poder. Manne acredita que a mulher que sai do padrão patriarcal será identificada como fria, arrogante, sedenta de poder, não confiável e moralmente suspeita, uma vez que ela passou a reivindicar espaços aos quais não tem direito, deixando de cumprir seu papel como mulher em um sistema que favorece os homens.

---

14. *Ibidem.*

A misoginia não foi por si só o único instrumento ou mesmo a dimensão de um golpe de Estado como o que aconteceu no Brasil em 2016. Serviu aos golpistas e foi usada pela mídia para construir um ambiente de rejeição à primeira mulher presidenta da República. Contra Lula, a mesma imprensa, em nome das mesmas elites, lançou mão de outros tipos de preconceito: como um operário de origem pobre, que não frequentava os salões da burguesia e se sentia mais à vontade no chão de fábrica, poderia suceder um intelectual tido como refinado e governar bem o Brasil?

Tanto o operário quanto a mulher comandaram um dos períodos de maior prosperidade e inclusão social de nossa história. A rigor, não foram perseguidos apenas porque eram operário e mulher, mas porque repeliram o neoliberalismo e governaram para os trabalhadores, os pobres e os vulneráveis. Esse foi o nosso grande e imperdoável crime.

Nós, mulheres, estamos construindo nossos sistemas de luta, denúncia e interdição dos artifícios e ações de misoginia na política, como esta publicação organizada por Manuela d'Ávila. Destaco aqui, também, o manifesto apresentado pela deputada Maria do Rosário, "Manifesto pela ética e pela democracia – Basta de violência política contra as mulheres", lançado na eleição de 2020, que abriu espaço para a criação de um *Observatório Nacional da Mulher na Política* em 2021. Como diz o manifesto: "Toda vez que uma mulher é desrespeitada como mulher por quem quer calar sua voz e afetar a liderança política que ela exerce, a democracia é destruída." Lutemos contra a misoginia, o neoliberalismo e pela democracia!

5. NÃO SE COMBATE A ESCURIDÃO COM MAIS ESCURIDÃO

Duda Salabert

Duda Salabert é mãe, professora de Literatura, ambientalista, vegana e idealizadora da Transvest, ONG que oferece suporte social às travestis e transexuais de Belo Horizonte. Em 2018, tornou-se a primeira mulher trans a concorrer ao cargo de senadora da República, terminando a disputa como a quarta mulher mais votada da história das eleições de Minas Gerais. Em 2020, tornou-se a primeira transexual eleita em Belo Horizonte e a pessoa mais votada da história das eleições municipais da capital mineira.

13 de março de 2018

Pela primeira vez na história do país uma travesti disputaria o cargo de senadora. Vivíamos a maior crise do capitalismo desde a grande depressão de 1929. Sabemos que crise, em uma sociedade capitalista, é sinônimo de retirada de direitos que nos fazem humanos e da tentativa de nos reduzir a máquina, a objeto que se limita a trabalhar e a produzir.

Nesse cenário de crise econômica aguda, entendi que seria importante construir a resistência disputando a dimensão simbólica. Simbólico é tudo aquilo que não é concreto, não é material. É no simbólico que moram a fé, os sonhos, as paixões, as utopias – instâncias essas que nos humanizam e

74 | Não se combate a escuridão...

nos fazem diferir das máquinas e dos objetos. Nesses momentos de crise, urge gritar que a gente não quer só comida, mas também bebida, diversão e arte. Parafraseando Trótski, a gente luta não apenas pelo pão, mas também pela poesia. E arte e poesia são expressões maiúsculas da dimensão simbólica, da dimensão humana.

Entendi, nesse cenário, que minha candidatura ao Senado traria para o campo político essa luta simbólica. A palavra "senado" carrega em sua etimologia a ideia de "senhores", é a "casa dos senhores". Lembremos que o primeiro banheiro feminino no Senado brasileiro foi construído somente em 2016. Sendo assim, ter uma travesti querendo penetrar o espaço dos senhores seria extremamente simbólico. Senado é também uma casa ocupada por senhores mais velhos, uma vez que a idade mínima para disputar tal cargo é de 35 anos. Nesse ponto, vale resgatar que a expectativa de vida de uma travesti no Brasil, segundo estimativas, não supera 35 anos – fato que conferiria outro contorno simbólico à candidatura. Além disso, o Senado é uma casa tradicionalmente ocupada por senhores moralistas. O corpo de uma travesti – que é socialmente lido como imoral – ousar adentrar tal espaço seria, em síntese, uma grande afronta à ordem estabelecida e faria a candidatura extrapolar o plano da concretude, do ordinário, e alcançar o plano do simbólico, do extraordinário.

Às 18 horas publicizei, então, minha pré-candidatura ao Senado.

14 de março de 2018

Abri o WhatsApp às 22 horas e, no grupo Psol, escutei o áudio de uma voz em prantos, dizendo que a vereadora, companheira de luta e de partido, Marielle Franco acabara de ser assassinada... Não dormi nessa noite.

15 de março de 2018

Saí da cama cedo, pois teria que dar aula às 7 horas. Na escola, colegas e alunas parabenizavam minha pré-candidatura, que foi noticiada pelos jornais. Em meu íntimo só pensava: *Meu corpo, que já é um alvo ambulante, estará a partir de agora na mira dessa estrutura de ódio da política institucional.* Não bastasse eu carregar a sombra de morar no país que há mais de uma década lidera o ranking de assassinatos contra travestis e transexuais, terei agora de viver sob a lente de ódio de políticos, de militantes e de partidos reacionários.

Fiquei o dia inteiro pensando em retirar minha pré-candidatura. No fim do dia, concluí: por Marielle, manterei a candidatura. Pelas travestis e transexuais, aceitarei colocar meu corpo na linha de frente do processo eleitoral nesse contexto de crise, de ódio e de ascensão do neofascismo.

10 de julho de 2018

Publiquei em minhas redes sociais uma foto na qual eu vestia uma blusa que trazia as seguintes palavras: "Professora, Travesti, Lésbica e Vegana." Em menos de uma hora, recebi centenas de mensagens odiosas. Entre elas, a palavra que mais aparecia era "nojo". Confesso que, a princípio, não me incomodaram essas mensagens, até porque por onde ando percebo os olhares de nojo que setores da sociedade projetam sobre meu corpo, sobre minha existência. Porém, as mensagens de ódio se multiplicaram absurdamente. Vi que duas pessoas da família do presidenciável de extrema direita tinham compartilhado em suas redes essa foto minha. Recebi tantas mensagens de ódio por minuto que o Instagram bloqueou minha conta. No meio de uma campanha eleitoral, tive que ficar por dez dias sem poder publicar no Instagram e no Facebook.

11 de julho de 2018

Não satisfeitas com as mensagens de ódio, as pessoas começaram a avaliar negativamente a página do Facebook da escola em que trabalho há doze anos. Começaram a telefonar e a mandar e-mails para a escola, pedindo minha demissão. Pais de alunos, após a repercussão, marcaram reuniões com a direção do colégio por entender que minha presença seria um problema. Houve uma mãe que me acusou de ser traficante e afirmou que a polícia deveria me prender.

Eu sabia que, ao me candidatar ao Senado, as chances de ser demitida eram altas. Sabia também que, sendo demitida, dificilmente outra escola me contrataria. Lembremos que 90% das travestis e transexuais do país estão na prostituição por causa de um preconceito odioso que estrutura nossa sociedade e que exclui as identidades trans do mercado formal de trabalho. Para nós, travestis, a prostituição é quase obrigatória, é compulsória. Mas, mesmo ciente dessa realidade, prometi para mim mesma:

Se for necessário eu dar um passo atrás para que o grupo de que faço parte dê dois passos para a frente, farei sempre! Mantive minha candidatura ao Senado.

12 de julho de 2018

Alunas e alunos organizaram um grande encontro religioso no estacionamento da escola em minha homenagem. Em todas as salas em que entrei, fui recebida de pé sob aplausos dos alunos. Uma das turmas fez uma blusa com minha foto em um ato de carinho e apoio. Recebi flores, abraços, beijos, presentes e milhares de mensagens carinhosas dos meus alunos, que coletivamente se organizaram para responder a todas as mensagens de ódio que eu recebia e tinha recebido nas minhas redes sociais. Para cada mensagem odiosa que aparecia, dez mensagens de apoio e de carinho surgiam!

7 de outubro de 2018

Consegui chegar ao dia das eleições sem ser demitida da escola. Fiz toda a minha campanha ao Senado sem pedir licença do emprego. Trabalhava cinquenta horas por semana. Os outros candidatos ao Senado – Dilma Rousseff, Rodrigo Pacheco, Carlos Viana – fizeram campanhas milionárias. Para minha campanha, tive como recurso R$ 15.690. Eu sabia que as chances de vitória eram pequenas, mas não me importava, pois nossos sonhos não cabem nas urnas.

Veio o resultado: perdi a eleição, mas terminei a campanha como a quarta mulher mais votada da história das eleições de

78 | Não se combate a escuridão...

Minas Gerais. Seria essa a maior vitória? Não. Eu fui votada em todas as urnas e cidades do estado. Seria essa a maior vitória? Também não. Para mim, a maior vitória é ouvir por onde passo a seguinte frase de pessoas da comunidade LGBTQIA+: "Duda, meu pai não me aceita, mas disse que votou em você." E eu respondo: "Seu pai te aceita, sim, mas tem dificuldade em aceitar os próprios preconceitos. Seu pai não votou em mim, mas nele mesmo, acreditando que mudará a própria visão acerca da diversidade." É essa, então, a maior vitória: saber que mais de 350 mil pessoas se permitiram sentir-se representadas por uma travesti. Não foi uma vitória concreta, mas simbólica!

28 de outubro de 2018

Dia da votação do segundo turno da eleição presidencial. Fui acompanhar a apuração na sede do PT em Belo Horizonte. No local, uma atmosfera melancólica. Minha companheira pediu que colocassem uma música para tocar. Todos a ignoraram. O resultado da eleição veio como um relâmpago: rápido, fulminante e devastador. No chão, pessoas chorando. Era um choro coletivo de desespero que nunca antes vi. Muitos gritavam: "Ele vai nos matar!" Nas ruas, carros de luxo buzinando. No céu, muitos fogos de artifício.

Eu e minha companheira pegamos um táxi. Ao chegar em casa, ela foi para o quarto chorar. Eu, na sala, me desesperava ao ver um carro estacionado exatamente na porta de minha casa com o motorista gritando "Bolsonaro", buzinando e jogando farol alto contra minha janela. Pensei comigo: eles sabem onde moro. Estou correndo risco de morte. Tenho que me mudar.

15 de outubro de 2020

Passaram-se dois anos da disputa pelo Senado. Nesse período, mudei de partido e continuei dando aula na mesma escola. Agora estou pleiteando o cargo de vereadora por Belo Horizonte em uma eleição em que surpreendentemente não sofri nenhum grande ataque odioso. Prometi para mim mesma e para a sociedade que, caso eu ganhasse as eleições, continuaria dando aula, pois *sou* professora, apesar de *estar* na política. Entendo que minha participação em sala de aula desenvolve um papel político mais relevante do que minha participação na política institucional, pois o que, de fato, muda uma sociedade não são novas leis, mas sim novas consciências. E essas se constroem em ambiente escolar.

Por volta das 23 horas saiu o resultado da eleição, que me colocou como a pessoa mais votada da história de Belo Horizonte e a primeira transexual a se eleger vereadora na capital. Uma vitória concreta e simbólica! Uma vitória da democracia, dos direitos humanos e dos movimentos sociais. Foram mais de 37 mil votos. Esse resultado me trouxe muita alegria, mas também uma enorme preocupação: meu corpo estaria, a partir desse momento, em evidência e em exposição para todo o país.

16 de outubro de 2020

Acordei cedo. Quando abri o WhatsApp vi vídeos com minhas imagens circulando em diversos grupos. Esses vídeos expunham

80 | Não se combate a escuridão...

de forma violenta e vexatória minha identidade e minha imagem antes da transição de gênero. Para nós, travestis e transexuais, uma das maiores violências recebidas é a exposição de um passado que sepultamos, que não nos serve mais. Quando entrei no Instagram, vi que esses vídeos estavam também circulando em páginas de disseminação de ódio, que expunham não apenas o passado que sepultei como também minha família, minha filha. Fiquei muito assustada!

Na parte da tarde, fui dar entrevistas aos canais de televisão. E juro: a primeira pergunta que o repórter ao vivo me fez foi: "Qual banheiro você usará na câmara?!" Fiz a campanha para vereadora totalmente em isolamento social por causa da pandemia de covid-19. Não imprimi nenhum santinho, panfleto ou bandeira. Trouxe para a disputa debates importantes e estruturantes para a cidade. Bati recorde de votação. E o interesse do repórter é onde irei fazer xixi... Confesso que foi uma tarde pesada, respondendo a inúmeras perguntas transfóbicas que me exotificavam.

17 de outubro de 2020

A pessoa que ficou em segundo lugar nessa eleição foi um bolsonarista, que ostenta em suas redes sociais uma metralhadora que ganhou do presidente Jair Bolsonaro. Alguns jornalistas se apropriaram desse fato para construir uma narrativa de polarização, colocando a minha figura contra a dele. Sem dúvida somos antíteses e estamos em lados opostos. Mas os jornais construíram um cenário belicoso, roteirizando em suas capas a ideia de bem *versus* mal – típico das telenovelas. Esse cenário de pólvora explodiu na capa de um jornal, que estampava a frase do bolsonarista, afirmando que me trataria no masculino e que não respeitaria minha identidade de gênero.

Minha imagem, que já estava sendo veiculada nas redes de difamação e de *fake news*, atraía agora mais um exército de pessoas odiosas. Compreendi que alguns setores do jornalismo queriam, na verdade, reeditar entre mim e a pessoa que ficou em segundo lugar a polarização Jair Bolsonaro *versus* Jean Wyllys, a fim de vender notícias e de alimentar posturas intolerantes na sociedade.

Para acabar com esse circo midiático que estava sendo construído antes mesmo da posse, telefonei para o bolsonarista, convidando-o para o diálogo e para a briga de ideias, não de pessoas. Em seguida, divulguei essa informação em meu Twitter. Como resultado, vieram duas consequências: 1) minha imagem e a da minha família não apareceram mais nas páginas de ódio; 2) setores da esquerda se indignaram comigo, pois queriam que eu fosse para o confronto, para a briga contra o bolsonarista. Fiquei, então, me perguntando: "Será que eles não aprenderam nada com o que ocorreu com a Marielle e com o Jean Wyllys?"

Para construir políticas que melhorem minimamente a vida das travestis, dos transexuais e dos grupos em vulnerabilidade social, eu preciso estar viva e no Brasil. Admiro quem vai para o enfrentamento direto contra os neofascistas. Mas sou uma travesti no país que mais mata pessoas trans, sendo que 80%

82 | Não se combate a escuridão...

desses assassinatos ocorrem com violência exagerada: paus enfiados no ânus, corpos esquartejados. A minha forma de fazer enfrentamento é, então, outra: disputar o Senado ou me tornar a pessoa mais votada da história de Belo Horizonte. Repito: a pessoa mais votada da história de Belo Horizonte é uma travesti! E dificilmente alguém quebrará esse recorde de votos. Essa é a minha estratégia de incomodar, de lutar e de mudar a realidade estabelecida.

3 de dezembro de 2020

Recebi o seguinte e-mail:

> *Sua aberração. PEDREIRO DE PERUCA!*
> Enquanto você ganha um salário de VEREADOR apenas por ser um PEDREIRO DE PERUCA, eu estou desempregado, minha esposa está com câncer de mama e vivendo do auxílio emergencial. Eu juro, mas eu juro que vou comprar duas pistola 9 mm no Morro do Engenho aqui no Rio de Janeiro, vou esperar as aulas presenciais voltarem, vou invadir uma sala de aula do BERNOULLI E VOU MATAR TODAS AS VADIAS, TODOS OS NEGROS (que, infelizmente serão bem poucos, 1 ou 2 cotistas) E DEPOIS VOU TE MATAR. DEPOIS DISSO EU VOU ATRÁS DAQUELES DOIS PEDÓFILOS QUE TE CONTRARAM E VOU MATAR ELES MESMO.

DEPOIS DE MATAR MAIS VADIAS E EXPLODIR ALGUNS CARROS NA PORTARIA, EU VOU METER UMA BALA NA MINHA CABEÇA!

EU NÃO TENHO MAIS NADA A PERDER!

QUANDO AS AULAS PRESENCIAIS VOLTAREM, O BERNOULLI VIRARÁ UM MAR DE SANGUE.

EU JÁ CONSIGO ESCUTAR OS GRITOS DE TERROR DAS VADIAS DENTRO DA MINHA CABEÇA E CHEGO ATÉ A EJACULAR ESPONTANEAMENTE!

FICA O AVISO. E NÃO ADIANTA IR NA POLÍCIA OU DENUNCIAR NA MÍDIA!

ASS.: Ricardo Wagner Arouxa

Ao pesquisar, vi que a assinatura do e-mail é utilizada indevidamente pelo maior grupo de propagação de ódio da internet brasileira. O grupo se articula no Dogolachan, um fórum da *deep web* que dissemina mensagens neonazistas, racistas e lgbtfóbicas. Esse fórum foi utilizado pelos assassinos do Massacre de Suzano, que resultou na morte de cinco alunos e duas funcionárias da Escola Estadual Professor Raul Brasil. Para propagar medo e violência, essa rede de ódio se apropriou de forma criminosa do nome e dos dados pessoais do analista de sistemas Ricardo Wagner Arouxa, o qual é também vítima desse grupo desde 2017.

O e-mail foi encaminhado também para a secretaria da escola em que trabalho e para os proprietários da escola. A mensagem, dessa forma, configura-se não apenas como uma ameaça

84 | Não se combate a escuridão...

de morte e um atentado psicológico, mas também como uma tentativa de forçar minha demissão. Fui à delegacia e denunciei o crime.

4 de dezembro de 2020

Reunião com os diretores da escola. Na conversa, foi-me informado que muitos pais estão preocupados com seus filhos. A escola também está preocupada com uma possível queda na receita financeira, pois o e-mail ameaçador foi enviado no contexto de matrículas.

6 de dezembro de 2020

Recebi um segundo e-mail ameaçador do mesmo grupo odioso. Dessa vez, além do teor racista, misógino e transfóbico, a mensagem trazia informações pessoais minhas e uma ameaça de morte explícita aos donos da escola em que trabalho. O e-mail, assim como o anterior, também foi enviado para a escola.

15 de janeiro 2021

Conforme canta Herbert Vianna, "Eu vivo sem saber até quando ainda estou vivo/ Sem saber o calibre do perigo/ Eu não sei daonde vem o tiro". Sei apenas que, por onde passo, há tiros que tentam matar a minha moral, a minha identidade, a minha atividade profissional, a minha vida política e o meu corpo. Até quando resistirei? Até quando resistiremos? Não sei. A certeza que carrego é a de que temos que fortalecer nossas redes de acolhimento, de solidariedade e de luta, tendo como estratégia a essência da frase atribuída a Martin Luther King: "A escuridão não pode expulsar a escuridão; apenas a luz pode fazer isso. O ódio não pode expulsar o ódio; só o amor pode fazer isso."

Até a data em que escrevo este texto não fui demitida, mas a escola antecipou minhas férias e me convocou para uma reunião daqui a duas semanas.

6. ASSÉDIO É SOBRE PODER

Isa Penna

Isa Penna foi eleita deputada estadual em 2018 com 53.838 votos pelo Psol, Isa Penna, mulher, advogada, bissexual, foi candidata a deputada estadual em 2014 e a vereadora em 2016. Isa é titular na Comissão de Segurança Pública e, em 2021, apresentou mais de 32 projetos de lei para a Assembleia Legislativa do estado de São Paulo (Alesp), a maioria voltados para a igualdade de gênero e a segurança pública. Já foi julgada pela Comissão de Ética por declamar o poema feminista "Sou puta", de Helena Ferreira – o conselho não deu procedência e reconheceu que não houve quebra de decoro. Em 2020, sofreu e denunciou veementemente o assédio perpetrado, e documentado em vídeo, pelo deputado Fernando Cury (Cidadania).

O modo como um assédio é percebido, e até mesmo se é percebido, depende, primeiramente, do produto daquilo que chamamos *marcadores de interseccionalidade*: identidade de gênero, cor de pele, local de origem, classe social e identidade política. Eles são importantes para nos ajudar a entender o lugar de opressão ou de privilégio que cada indivíduo ocupa na sociedade.

Eu, por exemplo, sou uma mulher branca, cisgênera, de classe média, filha de uma professora de história e de um médico, servidor público. Pode-se observar que nasci em uma família com boas condições de acesso, o que me permitiu estar hoje entre uma pequena parcela privilegiada da população brasileira. Eu sou isso. E você, quem é você neste país tão desigual e conservador?

Nesse cenário, reconheço meus privilégios, mas também as opressões que eu e pessoas com identidades semelhantes às minhas sofremos. Falemos aqui das questões de gênero.

Se você também é mulher e usou transporte público, como eu, provavelmente, já sofreu assédio. Se você é mulher e precisou fazer uma caminhada na rua, você, provavelmente, já sofreu assédio. Se você, como eu, é mulher e vive no mundo do trabalho, pois depende do salário, você sabe o quanto a cultura do estupro, em suas diversas nuances, está presente; e, portanto, é provável que já tenha sofrido assédio. Ou pode ser ainda que você não frequente esses espaços por ser da elite, mas mesmo assim sofra assédio, por exemplo, dentro da sua família, em razão de relações financeiras e pelo machismo característico dos homens com muito poder.

Segundo a Pesquisa Chega de Fiu-Fiu, da Think Olga, 99,6% das brasileiras sofreram assédio em lugares públicos.[1] E, se você nunca passou por um assédio, desejo que continue assim para o resto da sua vida.

Algo muda dentro de você depois de cada assédio.

Um pedaço da sua lâmpada interna, da luz que mantemos acesa, se quebra; nos encolhemos para dentro de uma concha e ficamos lá até termos coragem para sair novamente. No dia

---

1. Think Olga, "Chega de Fiu Fiu", 11 de janeiro de 2019. Disponível em: <thinkolga.com/ferramentas/pesquisa-chega-de-fiu-fiu/>. Acesso em: 28 jan. 2022.

17 de dezembro de 2020, lembro-me bem de que acordei com uma sensação boa que havia muito tempo não sentia, tinha um calor dentro de mim. Amanheceu e sorri, assim, sem mais nem menos. Até pensei comigo: *Que atrevimento sorrir assim!* Ri e comecei o dia.

Escolhi a roupa que usaria para trabalhar, o vestido preto mais perfeito que tenho no armário, e me olhei no espelho. Faltava algo. Sorri mais uma vez para minha imagem, audaciosa e contente, e busquei meus brincos de miçanga preferidos, os que tenho há anos e que amo usar. O colorido desses brincos eram meu atrevimento em meio à formalidade da vestimenta.

Nesse 17 de dezembro de 2020, eu ainda não sabia, mas iria sofrer um novo episódio de violência sexual. O que vocês não sabem, no entanto, é que ele ocorreria enquanto me recuperava de um episódio de assédio anterior. Arrisco-me a dizer que toda mulher passa boa parte de sua vida se esquivando de assediadores; e, quando atingida, se vê arcando com as consequências das denúncias que fez ou se culpando por não ter denunciado. Acreditem, é uma dinâmica bastante exaustiva.

A Assembleia Legislativa do Estado de São Paulo (Alesp) é a segunda casa legislativa em que atuo como parlamentar, onde tomei posse em janeiro de 2019. Nesse percurso, já sofri diversas formas de violência e sei sobre o que minhas amigas assessoras e colegas parlamentares também passam. Naquele dia, antes mesmo de colocar a minha bolsa na mesa do plenário, fui abordada para falar sobre um vídeo meu dançando funk, que viralizou. "Bonito", alguns diziam, outros davam risada e me olhavam de cima a baixo.

É preciso que vocês entendam algo: nunca me importei e nunca vou me importar com o que os setores conservadores e seus representantes pensam de mim. Meu papel e minha luta são justamente para que as mulheres (todas as mulheres) dancem, sejam donas de si e de seu corpo, tenham autonomia financeira, ganhem salários dignos e tenham o direito a uma vida sem violência ou inferioridade. O feminismo luta pelo direito à individualidade e à liberdade da mulher. Eles tentam nos amarrar, mas não vamos ficar paradas.

A sessão do plenário nesse dia foi longa, passava da meia-noite, e eu já tinha ouvido no mínimo dez comentários sobre a minha dança. Eu debochava internamente de como esses deputados estavam tão ouriçados por um vídeo "feio" daqueles. *Bando de punheteiros*, era o que pensava e o que me fazia rir da situação. Técnica de sobrevivência: ridicularizar o machismo e os machistas e rir da minha própria piada. Essa prática faz com que fique mais leve pra mim. E desenvolvi um sentimento de dó por eles; me parece que nunca vão saber o que uma mulher pode ser de verdade. E azar o deles.

Foi justamente nesse contexto que sofri o novo assédio, que todos puderam acompanhar. Recebi uma "encoxada" e fui tocada pelo deputado estadual Fernando Cury (Cidadania/SP), do qual me esquivei rapidamente.[2] Essa invasão me trouxe na hora aquela conhecida sensação. Para mim, ela sempre foi uma mistura de ânsia de vômito com vontade de chorar. Um sentimento de

---

2. UOL, "Assédio à deputada Isa Penna: novo vídeo mostra membro do Conselho de Ética com Fernando Cury." 22 dez. 2020. Disponível em. <www.youtube.com/watch?v=h63w6Ou65MQ>. Acesso em: 24 fev. 2022.

incômodo com o meu corpo, como se a minha pele estivesse se lembrando do toque a todo momento, e uma corrente de aflição e desconforto passeasse sobre as regiões em que fui tocada. Para quem nunca teve essa sensação, isso é o mais preciso que consigo descrever sobre ela.

Depois do ocorrido, tive uma breve discussão com o deputado e me afastei. Por um instante, olhei para trás e o vi de soslaio, rindo em uma roda com outros deputados. Fui em sua direção, firme, encarando, olho no olho. Passo firme e sangue quente. "Você tá rindo do quê, infeliz? Tá rindo porque me assediou? Isso o que você fez é assédio." Rapidamente, os demais apartaram a briga.

Alguns corajosos, como os deputados Gilmaci Santos (Republicanos/SP), Teonilio Barba (PT/SP) e Carlão Pignatari (PSDB/SP), vieram até mim se solidarizar e afirmaram que viram a cena e estariam ao meu lado. A deputada Erica Malunguinho (Psol/SP) pode atestar parte desse momento. Quando finalmente pude me sentar, liguei para meu companheiro, que já havia tentado falar comigo algumas vezes, e contei o que ocorreu. Desabei. Até então, eu não tinha visto o vídeo da cena.

Faço parênteses aqui, pois considero, por essas e outras, que não à toa aprendi a lutar – em todos os sentidos – na vida. Assim que pude, comecei a fazer treinos físicos. Eu já tinha sido assediada demais e tinha vergonha de reagir, apesar da sensação horrível que o assédio gera. Eu queria criar forças para poder fazer alguma coisa objetiva. O esporte de combate – muay-thai, jiu-jitsu, boxe, judô – me trouxe a coragem de empurrar a mão de um homem. E, ainda que o condicionamento físico já não seja o mesmo, sou muito grata a esse aprendizado e recomendo a prática a todas as mulheres.

No dia seguinte ao ocorrido na Alesp, acordei e mandei uma mensagem de WhatsApp para minha equipe: "Olá, gente, fui infelizmente assediada na Alesp ontem e preciso de vocês atentos hoje. Estou decidindo ainda como vou proceder e já aviso vocês." Eu continuava sem ver o vídeo do assédio.

Por coincidência, um dos meus assessores – um desses anjos da guarda que aparecem na vida – estava me acompanhando, assistindo à sessão pelo canal de televisão da Alesp. Foi o trabalhador, negro, periférico e sem-teto, com seus olhos de águia, que viu o momento em que um ruralista, branco e rico me "encoxou" e passou a mão em mim.

Maior coincidência foi esse assessor aparecer na minha casa no momento em que eu estava me questionando e sendo questionada quanto à capacidade de comprovar que o assédio tinha acontecido. "Como vou denunciar sem provas?" Na mesma hora ele disse: "Isa, pode pegar as câmeras, dá pra ver tudinho, porque eu vi também."

Quando solicitei as gravações e vi o vídeo junto desse anjo da guarda e do meu marido, desabei novamente. Entendi o tamanho da humilhação que aquele sujeito havia me feito passar e que havia sido premeditado.

Esse deputado estadual nunca havia se apresentado a mim. Esse foi o primeiro contato que tive com ele e luto para que tenha sido o último.

A violação sexual é um subtipo de crime antigo na história da humanidade e sempre foi um ato de extrema violência e de colonização. Ultrapassar o último limite, dominar o corpo das mulheres, sempre foi um gesto de poder.

Por isso, o deputado precisa ser cassado. É preciso tirar o poder dele e de homens como ele.

Nota de atualização

Em 1º de abril de 2021, três meses depois do episódio, a Alesp aprovou por unanimidade, em decisão inédita, a suspensão temporária do mandato do deputado Fernando Cury por 180 dias.[3] Em 22 de novembro de 2021, o partido Cidadania expulsou o deputado estadual de seu quadro, e hoje ele exerce o cargo sem filiação partidária.[4] Em 15 de dezembro do mesmo ano, o deputado tornou-se alvo de uma investigação criminal relativa a esse caso de assédio, aberta pelo Ministério Público de São Paulo e autorizada pelo Tribunal de Justiça de São Paulo. Essa anuência foi necessária, pois todo parlamentar possui foro privilegiado.[5]

Um ano depois, em fevereiro de 2022, seguimos atentas e acompanhando o caso.

---

3. G1 São Paulo, "Caso Isa Penna: em decisão inédita Alesp suspende deputado Fernando Cury por seis meses por passar a mão na colega." 04 abr. 2021. Disponível em: <www.g1.globo.com/sp/sao-paulo/noticia/2021/04/01/caso-isa-penna-em-decisao-inedita-alesp-suspende-por-6-meses-mandato-do-deputado-fernando-cury-que-passou-a-mao-em-colega.ghtml>. Acesso em: 24 fev. 2022.
4. Anna Gabriela Costa. "Cidadania expulsa deputado Fernando Cury do partido após caso de importunação sexual." CNN Brasil, 22 nov. 2021. Disponível em: <www.cnnbrasil.com.br/politica/cidadania-expulsa-deputado-fernando-cury-do-partido-apos-caso-de-assedio-sexual/>. Acesso em: 24 fev. 2022.
5. Bianca Gomes. "Deputado Fernando Cury vira réu por importunação sexual contra Isa Penna". O Globo Política, 15 dez. 2021. Disponível em: <www.oglobo.globo.com/politica/deputado-fernando-cury-vira-reu-por-importunacao-sexual-contra-isa-penna-25321004>. Acesso em: 24 fev. 2022.

7. PARA NÃO CALAR, ENCARAR!

Jandira Feghali

Jandira Feghali é médica cardiopediatra, baterista profissional e deputada federal pelo PCdoB do Rio de Janeiro. São sete mandatos na Câmara Federal e um como deputada constituinte na Assembleia do Rio de Janeiro. Foi líder do PCdoB, da Minoria (Oposição) e a primeira presidente da Comissão de Cultura da Câmara. No Rio, foi secretária municipal de Cultura e, em Niterói, secretária municipal de Ciência, Tecnologia, Desenvolvimento e Pesca. É autora de inúmeras leis em vigor no Brasil e relatora de tantas outras, como a Lei Maria da Penha.

É incrível como não nomeamos as violências sofridas quando não temos consciência delas, mesmo que nos gerem algum tipo de constrangimento, prejuízo ou desconforto. Nem comentarei as que derivam dos padrões comportamentais, impostos a nós desde que nascemos e estabelecidos por paradigmas binários de sociedade, os quais estruturam cores, vestuários, trejeitos, profissões mais indicadas, tom de voz, locais a serem frequentados e tantos outros aspectos que são perpetuados sob o argumento injustificável da superioridade masculina.

Na minha adolescência, ousei tocar bateria numa banda de homens. Meu irmão, Ricardo Feghali, me levou para esse incrível universo da arte, que mudou minha vida, minha visão de mundo.

96 | Para não calar, encarar!

Virei profissional, subi em muitos palcos e me apresentei para muita gente. Mas, apesar da beleza da arte, havia um preconceito com as mulheres que estavam nos bailes da vida, nas noites e madrugadas, como se "vadias" (adjetivo já usado à época) fossem. Numa banda predominantemente masculina e tocando um instrumento "pouco feminino", outras alusões também surgiam. Não eram explícitas, não me imobilizavam, porque eu amava o que fazia, a maioria das pessoas gostava do que via, curtia o som, admirava o meu trabalho, e tudo era tão maior e potente, tão belo e criativo, me tocava tão mais afetuosamente a alma, que a questão do machismo sucumbia. E, na verdade, eu só fui entender o pioneirismo daquela experiência e o significado da discriminação bem depois.

O mundo, tal qual moldado pela lógica machista, não é muito generoso conosco. No decorrer dos anos e na atividade política, nos coletivos feministas e na atividade parlamentar, que me levaram ao contato mais intenso com as mulheres, pude compreender mais profundamente a dor das mulheres e o modo como os diferentes contextos culturais, sociais e político-institucionais interferem no desenrolar dos dramas e das tragédias em situações de violência contra a mulher. Relatar a Lei Maria da Penha foi uma experiência única, rica, humanizadora e de profundo aprendizado.

O conceito de violência política de gênero ganhou relevo histórico recentemente. Mas só transportei para a realidade do tema que havia lido e debatido quando percebi que, desde o início da minha vida pública, em 1987, eu mesma era um dos seus alvos. E com essa percepção, passei a denunciar a violência sofrida por mim e por outras mulheres, dentro ou fora dos seus partidos, entidades, nas eleições, fora delas, nas instituições, nas lutas, na mídia em geral, nas redes ou nas ruas. As redes de violência e opressão são construídas das mais variadas formas, até chegarem às redes de ódio, que se expressam nas plataformas de comunicação e também fora delas.

A Organização das Nações Unidas tem pautado a violência política como tema central. Realiza estudos desde 2016, um dos quais apontou "sexismo, assédio e violência contra mulheres em 39 países, em 5 regiões e 42 parlamentos". Esse estudo mostra que 81,8% das mulheres sofreram violência psicológica; 46,7% temeram por sua segurança e a de sua família; 44,4% sofreram ameaças de morte, estupro, espancamento ou sequestro; e 25,5%, violência física.[1]

Trarei, em breves relatos, quatro experiências de tipos diferentes de violência política, vivenciadas por mim e que me parece importante expressar neste momento, em que as mulheres se voltam para esse combate contemporâneo e estratégico. Esse tipo de violência tem a mesma etiologia. Tenta nos silenciar, impedir nossa presença pública, o protagonismo das diferentes representações de mulheres cujas agendas não fazem parte do mundo elitista, excludente, preconceituoso e proprietário dos bens de produção, das finanças e da grande comunicação. Ela pode ser velada, sutil, simbólica, intimidadora, legalista e também explí-

---

1. Onu Mulheres Brasil, "Em toda a América Latina as mulheres lutam contra a violência política", 10 jan. 2019. Disponível em: <www.onumulheres.org.br/noticias/em-toda-a-america-latina-as-mulheres-lutam-contra-a-violencia-na-politica/>. Acesso em: 28 jan. 2022.

98 | Para não calar, encarar!

cita, desqualificada, sexual, física, humilhante e bastante agressiva. Sob várias roupagens, tem se transformado num fenômeno crescente, à medida que as mulheres avançam para os espaços que tradicionalmente "não são delas". E, assim, vamos perdendo vozes e vidas, vamos comprometendo a paz e a democracia.

Direito à maternidade, sim ou não? (1992)

A pergunta que abre este primeiro relato é: a recusa à licença-maternidade no exercício do mandato parlamentar é uma violência política de gênero?

Cheguei ao Congresso Nacional em 1991. Antes havia sido deputada estadual constituinte, já pelo PCdoB, na primeira eleição com a legenda, após quarenta anos de clandestinidade. Foi uma bela campanha e uma vitória bastante emocionante.

Eu me casei no ano em que cheguei à Câmara Federal e no ano seguinte engravidei da minha filha. No final de 1992, solicitei, então, a licença-maternidade. Para minha surpresa, foi negada, sendo alegada a falta de vínculo empregatício.

A Constituição de 1988, recém-promulgada à época, é bastante explícita no capítulo dos direitos sociais, artigo 7º, inciso XVIII, bem como a Consolidação das Leis do Trabalho (CLT – Decreto-lei n. 5.452/43), e a Lei n. 8.112/90, que estabelecem que a licença-maternidade, ou licença-gestante, é um benefício de caráter previdenciário garantido às mães que se afastam do trabalho nos estágios finais da gravidez ou logo após darem à luz. As parlamentares fazem contribuição mensal e elevada. Ninguém daria um parecer daquele desavisado, muito menos no parlamento brasileiro.

Em minha opinião, estava dada a "carapaça legal" a uma *violência política de gênero institucional* que diz: "lugar de mulher não é aqui". Ato contínuo à negativa, ofereceram-me uma licença-saúde, o que eu considerei uma segunda violência contra meu direito à maternidade.

Obviamente, recusei e abri uma luta pública de denúncia e mobilização ampla do parlamento em respeito à Constituição Federal, além de apresentar um parecer jurídico denso à mesa da Casa. Também acionei movimentos feministas pelo Brasil.

Eu sonhava com frequência que paria no avião, tensa com tudo, pois se aproximava o momento do parto. Chamada pelo presidente da Câmara, deputado Ibsen Pinheiro (PMDB/RS), que se sentia pressionado, disse-lhe que eu não sairia sem a licença-maternidade e que daria à luz em plenário. Lembro-me da expressão de pânico em seu rosto.

Após 45 dias de muita luta, muitos e variados discursos na tribuna de parlamentares de todos os partidos, mensagens de movimentos do país inteiro, matérias de jornais e televisão (à época não tínhamos as poderosas redes sociais), foi deferida a primeira licença-maternidade do parlamento brasileiro. Firmou-se a jurisprudência para o Congresso Nacional, e isso contribuiu para que esse direito fosse consolidado nos parlamentos estaduais e câmaras municipais.

Fake news nas eleições: mesmo sem redes sociais havia SMS e a grande mídia (2006)

A campanha para o Senado no estado do Rio de Janeiro em 2006 foi um caso à parte naquele momento histórico no Brasil.

100 | Para não calar, encarar!

Chamou a atenção do mundo político, da população, dos comunicadores e dos institutos de pesquisas eleitorais.

Éramos, naquela disputa, onze candidaturas. Participei do pleito na coligação com PT, PCdoB e PSB, apoiando a candidatura a governador de Vladimir Palmeira. Liderei as pesquisas durante todo o pleito até o sábado à noite, véspera da eleição. As redes sociais não tinham força, mas todas as formas de comunicação disponíveis foram utilizadas pelo principal adversário, Francisco Dornelles (PP), candidato da chapa do então candidato a governador, Sérgio Cabral Filho, apoiado por uma ampla coligação formada por PMDB, PP, PTB, PSC, PL, PAN, PMN, PTC e Prona.

Panfletos apócrifos, de papel cuchê, de boa gramatura, que me acusavam de ser assassina de crianças inocentes, eram espalhados por toda a cidade, em pontos de alto fluxo de pessoas.

Homilias das missas em todos os horários nas igrejas de todos os municípios pediam o "não voto" em Jandira Feghali, por ser responsável pela morte das crianças em abortos criminosos nas clínicas do estado e do país. Listas eram adesivadas nas paredes externas das igrejas com meu nome, como indicação negativa nas eleições.

Foram colados cartazes da minha altura, em várias paredes da cidade do Rio de Janeiro, com minha imagem portando uma adaga suja pelo sangue de uma criança. O slogan que acompanhava era: "Assassina de inocentes". Minha filha de treze anos ficou impactada quando se deparou com um desses cartazes na rua.

Programas de rádio e televisão foram feitos com esse conteúdo, associando minhas posições no parlamento ao fato de que eu seria contra a vida e defensora da morte e do aborto.

Em uma matéria do jornal *O Globo*, entrevistaram filhos de candidatos. Na legenda da foto da minha filha, na época com quinze anos, colocaram-na como alguém que cobrava mais flexibilidade dos que são contra o aborto. Como se já não bastasse tudo isso, na véspera e no dia da eleição, tivemos mensagens por SMS em todos os celulares ligados às redes Oi e Tim em que se liam: "Não vote em Jandira Feghali; ela não acredita em Deus, é a favor do aborto e é responsável pela morte de milhões de crianças inocentes."

Não foi fácil enfrentar esse conjunto de ataques. Veja que uma campanha para o Senado, entre possíveis representantes de um estado como o Rio de Janeiro, não se concentrou no debate das políticas econômica, fiscal ou social. As duas candidaturas ficaram polarizadas, éramos de campos antagônicos em todas essas dimensões, mas o confronto de ideias não conseguiu se cristalizar, porque a única preocupação de meus adversários era me atingir na dimensão dos costumes, da moral, do comportamento. Não me enfrentaram na questão ética, na política, nas propostas para o estado. Mentiram, inventaram, desqualificaram, foram sorrateiros em alguns instrumentos e bastante agressivos em outros. Gastaram milhões, fizeram alianças tácitas com as instituições religiosas, cometeram gritantes ilegalidades, contrataram empresas de telefonia ao arrepio da lei.

Fui transformada na *primeira vítima de* fake news *em eleições*, num claro processo de violência política.

O resultado desse pleito, que perdi, teve influência na história da esquerda no nosso estado e na nossa cidade. Lamento dizer que foi pequena a solidariedade do movimento feminista.

102 | Para não calar, encarar!

Destaco aqui a corajosa atitude das Católicas pelo Direito de Decidir, que se manifestaram à época.

Registro, para clareza histórica, que jamais neguei, mesmo na campanha, minha posição sobre os direitos sexuais e reprodutivos das mulheres. No parlamento brasileiro, sempre assumi projetos e relatórios de leis que asseguram esses direitos como questão democrática e de saúde pública, e assim também o fiz na campanha, nos tempos que conseguimos na televisão e no rádio para responder aos ataques dos adversários.

"Ameaçada de morte, Jandira aciona Polícia Federal" (2014)

Essa foi uma manchete de um veículo de comunicação revelando uma das muitas ameaças – entre agressões de baixíssimo nível – que chegaram pelo Facebook, plataforma bastante potente nesse período. Eu havia assumido a liderança da bancada do PCdoB. Já tínhamos vivido as manifestações de 2013, que, em boa parte, foram cooptadas pela grande mídia e acabaram por realçar as bandeiras contra a política e se voltaram contra os partidos, aprofundando a crise de representatividade. Entramos em 2014, um ano eleitoral, com alta polarização, com mediação bastante reduzida e a relação fragilizada entre governo e base.

No plenário da Câmara, sempre representei as posições do meu partido, assumindo claramente o que penso, e isso sempre me custou a ira ideológica dos mais reacionários e fundamentalistas. Em determinado momento, uma jornalista, articulista do SBT, Rachel Sheherazade, fez a defesa do justiçamento de um jovem negro que foi amarrado a um poste por moradores de um bairro, por suspeita de furto.[2] Não só fiz um pronunciamento contundente como representei contra ela e o SBT no Ministério Público. Isso me custou ameaças e desqualificações que nenhum homem receberia.

Transcrevo algumas delas.

Tomara que você seja assaltada estuprada e matem todos de sua família porca.

Vai se fuder. VOTO NULO. Cambada de idiotas, políticos abjetos e acéfalos. Porrada em vagabundo. Deputadazinha sem representação, que merda de pessoas.

Liberdade de expressão inexiste né filha da puta, Típico dos comunas querer calar quem não pensa igual a eles, bando de vermes.

Você esta revoltada porque você fas parte deste grupo de ladrois,a nosa jornalista só dissi a verdade, vocês são ladrois e vagabundos ,o povo brasileiro não merece esta coja de bandido não fora PT e sua coja,e você Deputada burra e bandida vai catar latinha

Acionamos a Polícia Federal para apuração desses crimes cibernéticos, que continham ameaças de morte e estupro, que repre-

---

2. SBT News, "Rachel fala sobre o adolescente vítima de 'justiceiros' no Rio." YouTube, 4 fev. 2014. Disponível em: <www.youtube.com/watch?v=unVIpQHLDwE>. Acesso em: 24 fev. 2022.

104 | Para não calar, encarar!

sentavam risco à segurança da minha família, com xingamentos cada vez mais agressivos, expressões cada vez mais ideologizadas e fundamentalistas, demonstrando a polarização que se estabelecia. Também vimos acentuarem-se agressões e ameaças pelo fato de termos protocolado projetos de revisão da lei de anistia para militares torturadores e outro projeto de lei que torna ilegítimos os mandatos de presidentes militares, na medida em que o mandato de João Goulart havia sido restaurado pelo Congresso Nacional.

Algumas matérias veiculadas no período foram: "Autora de ação contra Sheherazade denuncia ameaças à Polícia Federal: Jandira Feghali pede à Polícia Federal que investigue ameaças de morte e estupro feitas contra ela e a deputada Manuela d'Ávila após representação contra apresentadora e o SBT e adesão a campanha contra violência sexual", por Edson Sardinha, portal Congresso em Foco, e "Ameaça de morte, Jandira Feghali aciona Ministério da Justiça", coluna de Felipe Patury na edição eletrônica da revista Época, ambas de 11 de abril de 2014.

"Bate como homem, tem que apanhar" (2015)

Essa foi a fala do deputado Alberto Fraga (DEM/DF) no plenário da Câmara, enquanto o deputado Roberto Freire (Cidadania/SP) cometia violência física contra mim – duas formas de violência política de gênero.[3]

---

3. Fernando Diniz. "Mulher que bate como homem tem que apanhar, diz deputado." Terra, 6 mai. 2015. Disponível em: <www.terra.com.br/noticias/brasil/politica/mulher-que-bate-como-homem-tem-que-apanhar--diz-deputado,00717b2f2d9ceabce363bb2c72f9f535dcqgRCRD.html>. Acesso em: 24 fev. 2022.

Eu havia sido reeleita líder da bancada do PCdoB, e desenvolvia-se a sessão plenária da Câmara dos Deputados num momento bastante difícil para nós, porque debatíamos a Medida Provisória n. 664, que tratava de matéria previdenciária bastante polêmica, enviada pelo governo Dilma Rousseff. O nosso deputado Orlando Silva (PCdoB/SP) usava o microfone de apartes quando Roberto Freire, incomodado com sua fala, começou a dar tapas em suas costas para que parasse de falar. Eu, ao lado, pedi que interrompesse aquela atitude, e ele, então, reteve meu braço com força e não soltou mais. Eu solicitava que largasse meu braço e ele não atendia, manteve-se aos gritos, e o ambiente virou um pandemônio, totalmente voltado para aquela situação. A deputada Alice Portugal (PCdoB/BA) reivindicou ao presidente da casa, deputado Eduardo Cunha (PMDB/RJ), que tomasse providências. Foi quando Alberto Fraga falou a frase que abre este relato, confundindo minha firmeza política com masculinidade.

Eu então consegui me soltar das mãos de Freire com um gesto brusco, tanto que meu xale chegou a voar, e alguns minutos depois a sessão foi temporariamente suspensa. Ao ser reiniciada, Roberto Freire se desculpou na tribuna.

Subi à tribuna em seguida, consegui responder, e disse que suas desculpas confirmavam a agressão. Explicitei a condição da mulher na política num discurso razoavelmente longo e dei entrada no Conselho de Ética contra os dois deputados.

Obviamente, nada aconteceu. Trata-se de um conselho predominantemente ocupado por homens, para os quais as desculpas proferidas pelo agressor atenuaram a gravidade do ato e a penalidade.

106 | Para não calar, encarar!

Esses relatos breves e com algum grau de detalhe servem para que a leitora ou o leitor consiga se perceber nas cenas e sentir um pouco do que a gente sente no momento do ato violento.

Como eu disse, o conceito de violência de gênero na política nem sempre esteve na nossa cabeça, mas sabíamos que se constituíam uma violência contra nós, as mulheres. Sempre percebemos assim. Da mesma forma, reconhecemos os recortes agravados em muitas situações com as mulheres negras, indígenas ou pertencentes à comunidade LGBTQIA+.

Como temos representação pública, começamos a mobilizar a bancada feminina no Congresso Nacional de forma suprapartidária, o que, ao longo dos anos, produziu várias conquistas. Na bancada também há mulheres que reproduzem os valores patriarcais, fundamentalistas, atrasados, mas vamos labutando e fazendo predominar os avanços. Hoje há espaço de liderança, Secretaria e Procuradoria da Mulher, espaço físico na estrutura da Casa e a Comissão Permanente dos Direitos da Mulher. Algumas parlamentares são presidentes de comissão, líderes de suas bancadas, e já conquistamos a primeira secretaria da mesa diretora da Câmara dos Deputados. Além da lei das cotas nas chapas dos partidos e das recentes conquistas de financiamento e tempos de propaganda de rádio e televisão para candidaturas femininas, lutamos pela aprovação da emenda constitucional que reserva cadeiras nos parlamentos, pois ainda somos o país quase lanterna em número de mulheres ocupando esses espaços em toda a América Latina.

No final de 2019, eu ainda ocupava pioneiramente a liderança da Minoria (oposição). Juntamente com a Secretaria da Mulher, a Primeira Secretaria e a Secretaria de Mídias Sociais da Câmara, lançamos uma campanha institucional contra a violência política de gênero, da qual participaram a ONU Mulheres, o Ministério Público Federal, a Defensoria Pública Federal, entre diversas entidades feministas do país.

Em novembro de 2020 foi criado o *Observatório Nacional da Mulher na Política*, junto à Secretaria da Mulher da Câmara, que reúne especialistas de universidades e da sociedade civil em torno do tema. O resultado de todos os levantamentos será convertido em um banco de dados com acesso público, o que contribuirá para ampliar o debate e concretizar o objetivo de fazer o ambiente político ser menos hostil e mais receptivo às mulheres.

Votamos projetos de lei em vários campos de atuação das mulheres, e foi aprovado em dezembro de 2020, na Câmara dos Deputados, um que tipifica a *violência política de gênero* (PL n. 349-B/2015), com vários apensados e dezenas de coautoras, que considero uma importante resposta aos fatos experimentados pelas mulheres candidatas nas eleições municipais de 2020. O projeto aguarda aprovação pelo Senado Federal para ir à sanção presidencial. Pretendemos alterar o Código Eleitoral de 1965 e leis eleitorais aprovadas posteriormente, estabelecendo normas para prevenir, sancionar e combater a violência política contra a mulher nos espaços e atividades relacionados ao exercício de seus direitos políticos e de suas funções públicas, vedando discriminações em virtude de sexo, raça e etnia. O projeto envolve crimes relacionados às campanhas ou ao exercício do mandato parlamentar.

108 | Para não calar, encarar!

Atuamos, também, mobilizando o sistema de justiça e os poderes executivos, nos três níveis, para que cumpram sua missão no enfrentamento à violência contra a mulher em todas as dimensões. Cobramos dos partidos, dos meios de comunicação e das escolas. A sociedade precisa ser conscientizada dessa opressão política.

É preciso atuação coletiva, desde as denúncias. A violência política não pode ser respondida individualmente, pois, se assim for, o resultado será o silêncio da vítima, exceto em raras situações em que esta já goza de espaço privilegiado de comunicação. É preciso fazer valer a solidariedade, a sororidade e as nossas conquistas políticas, legislativas e jurídicas, mesmo sabendo que ainda temos muito chão para percorrer.

Os ataques em redes sociais não cessam. São frequentes, agressivos, em toda postagem que faço, nas campanhas que apoio, e muito intensos nas *lives*, particularmente em 2020, quando a comunicação pelas plataformas se transformou no meio principal de trabalho. A ordem vinda de cima, após a eleição do grupo que hoje ocupa o Planalto, fortaleceu essa corrente neofascista em recursos e organização. Os inquéritos no Supremo Tribunal Federal (STF) e as prisões efetuadas geram obstáculos, quebram algumas correias de transmissão, mas ainda não interromperam a organização criminosa que esse grupo representa. Há uma Comissão Parlamentar de Inquérito (CPI) no Congresso Nacional apurando as denúncias de *fake news*, o "gabinete do ódio" e outras responsabilidades. Ainda não sabemos qual será o desfecho. Também há uma legislação em construção no parlamento brasileiro que busca tipificar esses crimes e regulamentar o uso da internet, para além do que já fez o Marco Civil.

Quanto mais avançarmos nas nossas lutas contra a opressão, nos movimentos sociais, nas agendas feministas, na luta antirracista, no protagonismo das mulheres e nas ocupações institucionais, maiores serão as tentativas de nos intimidar. Por isso, é necessário que tenhamos consciência, articulação e força organizada, além de anteparos legais para criminalizar esse tipo de violência. Não tem volta. A democracia e a liberdade política plena exigem a presença, a vez e a voz das mulheres de todas as cores, de todo os pensamentos, religiões e orientações, que são a expressão dessa plenitude, e disso não abriremos mão!

8. POR QUE NÃO NOS QUEREM?

Jô Moraes

Jô Moraes, nascida em 1946, é feminista, marxista, primeira presidente da União Brasileira de Mulheres e exerceu mandatos parlamentares por 22 anos. Foi vereadora de Belo Horizonte, deputada estadual e deputada federal por Minas Gerais, durante três legislaturas. Foi líder da bancada do PCdoB em 2008 e coordenadora da bancada feminina da Câmara dos Deputados em 2015. Autora de dois livros sobre a discriminação de gênero, é da Comissão Política Nacional do PCdoB. Tem formação de assistente social e é mãe de dois filhos.

Tenho olhos ancorados na distância do tempo. Só assim me veio a consciência de que os fatos que me constrangeram, em várias circunstâncias da vida, eram a forma como a sociedade procurava impedir a ação da mulher transgressora que a minha vida representava. Uma mulher que integrou a geração dos que enfrentaram a ditadura militar, que retomou a normalidade democrática numa militância política, partidária e feminista, que vivenciou, durante 21 anos, a atividade parlamentar.

Uma mulher que precisou se transmutar para preservar a vida e escapar da violência do Estado. Fui Josydemeia, fui Ana, fui Luiza, fui Maria José, fui Joana. Difícil mesmo era decorar o nome dos meus pais em cada identidade que assumia. Quando

112 | Por que não nos querem?

presa em Recife, panfletando numa porta de fábrica, disse que tinha ido lá arranjar um homem que me bancasse. Para escapar da perseguição no Nordeste, tingi meu cabelo de loiro oxigenado e fugi num ônibus para São Paulo. Uma mulher que queimou a batata da perna, como carona de uma motocicleta, ao ser chamada para ir ver o filho de sete meses que estava com febre. E que teve de enfrentar as angústias de uma madrugada na ala pediátrica de um hospital, onde a filha de seis anos vivia os primeiros socorros de uma fratura craniana, resultado de um atropelamento de bicicleta.

Aparentemente, pode-se pensar que os fatos da vida privada nada têm a ver com a atividade pública. Mas eles são parte dos obstáculos que as mulheres enfrentam para exercer suas atividades políticas. Principalmente porque a sociedade lhes dá a exclusividade do cuidado. Vivi tudo isso como se fosse um acontecimento natural na vida das mulheres. Demorei a perceber que não era. Minha geração não compreendeu em toda a dimensão. E mesmo as gerações que nos sucederam ainda constroem esse entendimento em meio a tentativas de manutenção do *status quo*, que afirma que meninas vestem rosa.

As inúmeras restrições que enfrentei para manter uma militância partidária nada mais eram do que a prática cotidiana da *violência política de gênero*. Um instrumento particular do patriarcado e que se intensifica no Estado autoritário. Ele é usado, desde sempre, para amplificar o controle sobre as que resistem às estruturas estabelecidas. E faz isso por meio da exclusão orquestrada de sua metade mulher.

O uso da violência como forma de dominação e manutenção dos privilégios de determinados setores é uma prática corriqueira nas sociedades de classe. Atinge a grande maioria que vive em condições de exclusão generalizada. Contra ela se constroem pressupostos de um Estado democrático para conseguir períodos de convivência pacífica. Difícil é fazer com que o pensamento democrático da sociedade entenda a dimensão particular que essa violência assume quando quem resiste ao sistema são as mulheres, tidas por muitos como pessoas potencialmente não adaptadas à ordem estabelecida.

Vivi o período da ditadura militar em que a violência política assumiu os dolorosos contornos das prisões, torturas e mortes dos que se opunham ao regime autoritário. Uma violência generalizada, que atingiu de forma contundente as mulheres. Embora alguns estudos acadêmicos procurem abordar a presença feminina na resistência, os registros são escassos. Era um período em que especialmente as mulheres jovens tinham pouca autonomia em relação à própria vida. Exatamente a geração que mais se rebelava. A falta de registro, no entanto, era reforçada também pelos agentes repressores que cuidavam de tornar invisível a participação feminina. Registrar a presenças delas em movimentos de oposição era divulgar a ideia de que mulheres não estavam apenas dentro de casa, como preconizavam as Marchas da Família com Deus pela Liberdade, eventos de rua liderados por mulheres conservadoras em apoio ao regime militar.

114 | Por que não nos querem?

À noite, nem todos os gatos são pardos

Não entendi aonde aqueles policiais pretendiam chegar com o interrogatório feito dentro de um carro pequeno, talvez um Fusca, rodando pelas ruas de Recife, na madrugada do dia 2 de fevereiro de 1969. Tinha acabado de sair da porta da Fábrica de Tecidos da Torre, quando distribuía "boletins subversivos", conforme o registro posterior do Sistema Nacional de Informações. Estava acompanhada de meu companheiro, João Roberto Borges de Souza, e de Maria Lívia Alves Coelho, estudantes de Medicina. Tínhamos sido presos ao descer do ônibus, por seguranças da empresa que haviam nos seguido, se colocaram bem na porta de saída do coletivo e nos levaram para a Delegacia de Ordem Política e Social de Pernambuco.

O interrogatório foi o início do inquérito policial militar que levou à minha condenação – à revelia (já que havia conseguido despistar a polícia e não permanecer presa) – e à clandestinidade por dez anos. A acusação se baseava no Decreto-lei n. 314, de 1967. E o "crime" estava previsto no artigo 33: "Incitar publicamente: – à guerra ou à subversão da ordem político-social; – à desobediência coletiva às leis[...] Pena – detenção, de 1 a 3 anos."

Feito por dois homens dentro de um carro, circulando nas ruas durante a madrugada, o interrogatório tinha perguntas sobre prováveis experiências sexuais – de alguém que estava sendo presa por "subversão". Foi a primeira violência política de gênero que vivi. O constrangimento e a intimidação foram o primeiro passo para a etapa seguinte, de pressão e pancadaria. E eu sempre me perguntava quantas mulheres viveram piores situações de constrangimento que vivi; quantas estudantes como eu compareceram ao Congresso Nacional da União Nacional dos Estudantes (UNE), em Ibiúna, em 1968, onde fomos presas junto às centenas de estudantes presentes. Num Estado repressor, o registro dos acontecimentos relativos à resistência é sempre escondido.

Uma importante fonte é o projeto Brasil: Nunca Mais,[1] uma iniciativa da sociedade civil que realizou ampla pesquisa sobre a repressão política durante a ditadura. A iniciativa revela o volumoso processo formado pelo registro das prisões de 693 estudantes de todo o país, naquela ocasião. "As parcas informações que pudemos colher até o momento [foram feitas] a partir do exame das fichas e fotos policiais de 140 mulheres detidas durante o Congresso", relata Priscila Fernanda da Costa Garcia, em seu trabalho "As meninas de Ibiúna, militantes e oprimidas",[2] apresentado no IV Simpósio Lutas Sociais na América Latina, em Londrina, em 2010.

Essa invisibilidade se repete nos inúmeros acontecimentos que fazem parte desse período. Não constavam, por exemplo, os passos realizados pelas centenas de mulheres que saíam por verdadeiros labirintos burocráticos para ter notícias sobre a vida dos seus companheiros, filhos desaparecidos, filhas torturadas. Mulheres que tiveram um papel destacado na resistência demo-

---

1. O projeto, coordenado pelo Conselho Mundial das Igrejas e pela Arquidiocese de São Paulo, deu origem ao livro de mesmo nome, publicado pela editora Vozes em 1985.

2. Priscila Fernanda da Costa Garcia. "As meninas de Ibiúna, militantes e oprimidas: mulheres e esquerda no congresso estudantil de 1968." *In: Anais do IV Simpósio Lutas Sociais na América Latina: imperialismo, nacionalismo e militarismo no século XXI*, 14-17 set. 2010, Londrina, UEL. p. 60. Disponível em: <www.uel.br/grupo-pesquisa/gepal/anais_ivsimp/gt7/7_priscilagarcia.pdf>. Acesso em: 28 jan. 2022.

116 | Por que não nos querem?

crática por intermédio do Movimento Feminino pela Anistia. Mulheres que só muito tempo depois tiveram a oportunidade de revelar as atrocidades que viveram, submetidas à, até então conceitualmente invisível, violência política de gênero.

Loreta Valadares, uma feminista comunista do período da ditadura militar, em seu livro *Estilhaços* relata:

> Fica claro, em todo relato, o tratamento diferenciado dado à mulher na prisão. A tortura é carregada de conotação sexual, explora-se o corpo da mulher, seja física ou psicologicamente. Procuram, de todo modo, diminuir e humilhar a condição de mulher, abusam da exploração de sentimentos e emoções, visam a destruir a identidade enquanto mulher e a autoestima. Utilizam-se dos atributos de gênero para deles arrancar-lhes a raiz, aniquilando-os. Abusam dos órgãos sexuais, fazem piadas grosseiras, falam pejorativamente da aparência, exploram nossa pretensa fragilidade.[3]

Alerta geral! Elas estão avançando

A prova mais cabal da dificuldade na percepção dessa violência específica está no fato de que somente em dezembro de 2020 foi apreciado, no plenário da Câmara dos Deputados, o projeto de

---

3. Loreta Valadares. *Estilhaços: em tempos de luta contra a ditadura.* Salvador: Secretaria de Cultura e Turismo, 2005, p. 96.

lei (PL) que "Dispõe sobre o combate à violência e à discriminação político-eleitorais contra a mulher". O PL nº 349/2015 estava parado havia cinco anos naquela casa, tendo que enfrentar ainda outro tanto de tempo de espera no Senado para virar lei.

São muitas as facetas da violência que sofremos enquanto mulheres. Talvez por isso demoremos a compreender como são naturalizadas em nosso cotidiano, invisíveis para nós mesmas. Exemplo maior é o caso específico da violência política de gênero, como parte destacada da violência política do Estado, que sempre teve pouca abordagem no debate da construção de uma sociedade mais democrática, a não ser pelo movimento feminista. Pode ser que essas violências específicas só se tornem consciências coletivas formuladas quando explodirem como fenômeno social.

Não lembro exatamente quando surgiu a consciência de que a luta feminista era o veio pelo qual eu poderia expressar minha opção revolucionária de transformar radicalmente o mundo em que vivia. Um momento marcante foi quando entrei na mobilização pela construção de uma creche no Bairro Industrial – região operária da cidade de Contagem, onde morava –, porque precisava deixar meus filhos para trabalhar. E, sucessivamente, as necessidades cotidianas das mulheres foram se transformando em demandas coletivas que também me incluíam e enraizavam minha militância política com as agendas do movimento feminista.

Os partidos políticos e os governos, pela pressão dos movimentos, passaram aos poucos a incorporar a agenda de políticas públicas para as mulheres.

118 | Por que não nos querem?

Nas duas primeiras décadas do século XXI, no Brasil, houve uma expansão da presença da mulher nos espaços públicos. Esse crescimento foi resultante de dois fenômenos que se entrelaçaram. A ampliação do movimento feminista no mundo, em suas diversas concepções e expressões. E entre nós, brasileiras, as possibilidades de mobilização social que se intensificaram com o fim da ditadura militar, mais adiante ampliadas com o ciclo dos governos populares.

Em nenhum período histórico de nossa República as mulheres tiveram tantos espaços institucionais para debater as dimensões de sua situação de subalternidade. Exemplo vivo dessas possibilidades foram as conferências nacionais que reuniram milhares de mulheres em todo o país e que resultaram na constituição dos Planos Nacionais de Políticas para as Mulheres, nos anos de 2004, 2007 e 2011.

Em 2010, Dilma Rousseff foi eleita a primeira mulher presidente da República. Uma vitória mais do que simbólica, pois resultou na ampliação de políticas públicas de proteção à mulher, em especial as relativas ao enfrentamento da violência de gênero. Uma mulher no poder, o poder para as mulheres. Sentimento difuso de força e empoderamento desse Brasil mulher. Elas foram para as ruas, para os partidos, para os parlamentos. Começaram a confrontar decisões e ocupar espaços de poder.

Grandes passeatas contra proposições legislativas que tiravam direitos, em especial os sexuais e reprodutivos, encheram as praças. Um exemplo delas foi a mobilização das Mulheres contra o Cunha (Eduardo Cunha – PMDB/RJ, na época presidente da Câmara Federal, preso por corrupção e defensor da criminalização do aborto). Parte também desse processo foi a manifestação Ele Não, organizada pelo movimento feminista contra o então candidato Bolsonaro. Estive nesse ato com minha neta, Maria Helena, então com seis meses. Ele levou milhares de mulheres às ruas de Belo Horizonte e de outras cidades brasileiras.

A partir dessa intensificação e do fortalecimento do movimento feminista, iniciou-se uma generalizada ação de setores conservadores da sociedade para impedir ou restringir o acesso das mulheres ao exercício de funções públicas, particularmente de representação ou dos espaços executivos de poder. Intensificou-se o uso de mentiras, baixarias e grotescas agressões por meio de *fake news* contra lideranças políticas femininas que representavam o enfrentamento ao poder masculino.

Durante a campanha eleitoral, na condição de candidata a vice-governadora, quase fui arrancada do carro onde estava com minha nora grávida dirigindo, quando circulava pelo bairro onde moro. Um homem com uma criança no colo postou-se na frente do automóvel e começou a me xingar e ameaçar para impedir que eu passasse. Esse mesmo homem repetiu as agressões por várias vezes, quando eu caminhava sozinha no comércio do local.

Eles procuram difundir a ideia de que "as mulheres não pertencem ao espaço político", lembra Flávia Biroli, professora e pesquisadora do Instituto de Ciências Políticas da Universidade de Brasília, que desenvolve sua abordagem lembrando que "é a violência que procura manter as mulheres do lado de fora da política". Inibir e constranger para impedir a ação das mulheres nos espaços públicos vêm de longe.

120 | Por que não nos querem?

As cotidianas violências nos espaços da política

Quem tem filiação partidária, em especial nos partidos de opção programática revolucionária, sabe que a militância não é só a atividade política eleitoral tradicional. Você tem uma vida cotidiana de funcionamento organizativo regular. E é importante ocupar as hierarquias partidárias como parte das responsabilidades políticas e das possibilidades de tomar decisões. Sou de um partido, o PCdoB, cuja tradição marxista o obriga a abordar a luta pela emancipação da mulher como parte fundamental da sua opção programática de buscar a emancipação de toda a humanidade. Os fóruns que debatem as questões de gênero têm cotas de homens, exatamente para obrigar que todos se comprometam com o combate à discriminação de gênero, raça e classe.

A militância feminista, no entanto, não é algo que se dá naturalmente. E a prática cotidiana de invisíveis atitudes machistas passa a ser quase despercebida. Lembro-me bem de um dia em que fui eleita para ser presidente da direção estadual, substituindo importante liderança masculina. Não houve voto contrário. Era uma sucessão natural. Terminada a votação, escutei de um dirigente, professor universitário: "Tudo bem. Ela está eleita e assume a presidência. Mas nós deveríamos manter essa decisão só entre nós do partido. Não precisa divulgar." Para assumir as tarefas eu era capaz. O prestígio do cargo ficava com o homem.

Foi numa quarta-feira, 27 de fevereiro de 2008, que se realizou uma das reuniões do Colégio de Líderes da Câmara dos Deputados, no segundo ano daquela legislatura. Na sala da presidência, as cadeiras em torno de uma grande mesa eram ocupadas pelos deputados. Na fileira de trás estavam os assessores da presidência e das respectivas lideranças partidárias. Começou a reunião e eu, líder do PCdoB e Luciana Genro, líder do Psol, que estávamos representando nossos partidos, acompanhamos de pé quase todo o debate.

Nenhum líder partidário, nenhum assessor da presidência ou da secretaria-geral da mesa, responsáveis pelo suporte da reunião, perceberam que duas deputadas, integrantes do Colégio de Líderes, estavam de pé. E, como ocorria com os demais parlamentares, deveriam ter providenciado cadeiras. Era como se naquele espaço de poder a presença de mulheres fosse um fato inusitado. Eu não tinha consciência de que, se quisesse ser tratada como os demais líderes partidários homens, teria que chamar a atenção sobre o fato de estar de pé.

Essa rotina se repetia em diferentes ocasiões do cotidiano parlamentar. Em reunião conjunta dos colégios de líderes da Câmara e do Senado, ocorreu algo semelhante. O assessor que servia o cafezinho levou as xícaras até as cadeiras onde estavam sentados os homens. Parou quando iniciaram as cadeiras onde estávamos eu, a líder do PCdoB, Rosane Ferreira, do PV, e Carmen Zanotto, do Cidadania. Tivemos que chamá-lo. E ele comentou: "A gente serve primeiro os deputados." Para aquele servidor, as mulheres que estavam ali deveriam ser assessoras.

Invisíveis violências. Violências? Alguns dirão que são apenas pequenas indelicadezas. Mas são práticas individuais de uma exclusão coletiva das mulheres nos espaços de poder.

9. EU SEMPRE SOUBE QUE ERA DIFÍCIL, MAS NÃO É JUSTO QUE SEJA TÃO DIFÍCIL ASSIM

Manuela d'Ávila

Manuela d'Ávila é jornalista e mestre em Políticas Públicas. É casada com Duca, mãe da Laura e madrasta do Gui. Foi a vereadora mais jovem de Porto Alegre, a deputada federal mais votada do Brasil e a deputada estadual mais votada em 2014. Como deputada federal, presidiu a Comissão de Direitos Humanos e Minorias (CDHM) da Câmara dos Deputados, em 2011 e 2012. Concorreu à Vice-Presidência do país, em 2018. Fundou o Instituto E Se Fosse Você, voltado ao combate das *fake news* e redes de ódio. Lançou três livros: *Revolução Laura*; *Por que lutamos? Um livro sobre amor e liberdade* (também foi traduzido para o espanhol); *E se fosse você? Sobrevivendo às redes de ódio e* fake news.

Eu repetia sem parar, chorando, em casa, após o último debate do primeiro turno das eleições de 2020. Meu cansaço se misturava em um dueto de indignação e perplexidade: quão longe a violência política de gênero poderia chegar? Mal reconhecia em mim a mulher forte que havia disputado sete eleições, construído votações extraordinárias e enfrentado o machismo desde sempre, sobretudo nos últimos anos após a ascensão da extrema direita no país. Dessa vez eles tinham conseguido me fazer pensar em desistir, me fizeram sentir vergonha, medo, raiva. Levaram-me a um limite que eu não sabia que existia em mim. Naquela noite,

124 | Eu sempre soube que era difícil...

a do último debate do primeiro turno, na mesma eleição em que vi a cidade tomada de esperança de dias melhores, eu não conseguia acreditar que eles eram capazes de lançar esse conjunto de ações violentas, mesmo tendo consciência das consequências que são capazes de provocar. Em 2016, na última eleição municipal, o então coordenador de campanha de um de meus adversários suicidou-se por não aguentar os ataques de ódio e as *fake news*. Mas, sim, apesar da consciência do perigo, eles seriam capazes disso e ainda de muito mais no segundo turno.

Passada a minha sensação de fragilidade, de raiva, de medo (deveria ir a uma delegacia da mulher ou não? Afinal, o sujeito disse que destruiria minha vida. Em que sentido ele falava?), de vergonha perante minha família (o que meu enteado ia enfrentar com esses ataques? E meu marido?); passados esses sentimentos que nós mulheres sabemos que sentimos mesmo quando temos consciência de que o erro não é nosso, comecei a pensar na vida de todas as mulheres e que nossa dignidade, para essas pessoas, não vale nada. Afinal, eu era a mulher que liderava as pesquisas de opinião para a Prefeitura da capital do estado e tinha sido atacada no primeiro turno inteiro, em público, diante de sorrisos irônicos de cumplicidade e do silêncio total de candidatos homens. Eu só conseguia pensar que, se os homens públicos se calam diante de ataques transmitidos pelo rádio ou pela televisão, imaginem como ignoram em seu cotidiano e atuação política a violência contra as mulheres. Então, assimilei mais profundamente o que significa denunciar, punir e desconstruir a violência política de gênero. Não, nós não somos mulheres especiais, não merecemos mais do que nenhuma outra. Mas, quando o espaço público é ocupado pela violência contra nós, como tem acontecido desde o processo de impeachment contra Dilma Rousseff, a maneira como respondemos a essa violência passa a ser entendida como um sinal para a sociedade. Se nos calamos, o sinal é o de que está tudo certo, de que está liberado agredir mulheres. Se enfrentamos e punimos, o recado é o de que a sociedade não compactua com isso, que a violência contra as mulheres não faz parte do que é aceitável.

Foi pensando nisso que, ainda naquela noite horrorosa do último debate do primeiro turno, decidi escrever um livro sobre violência política de gênero. Para mim, tudo tem que ser transformado permanentemente. E a dor que eu estava sentindo precisava ser transformada em debate, para que mais mulheres não vivessem, no futuro, aquilo que eu estava vivendo. Depois, na primeira semana após o segundo turno, pensei melhor e decidi que eu não escreveria: escreveríamos, no plural. Escreveríamos, várias de nós que vivemos experiências comuns. Afinal, não é sobre mim e sobre uma violência rara que eu sofri. É sobre nós e sobre nossa rotina quando decidimos ocupar o espaço público. E é também sobre o silêncio. O silêncio ensurdecedor e cúmplice do sistema político e das instituições.

"O que pode ser pior do que disputar a eleição contra Bolsonaro?"

Respondi com essas palavras tantas vezes quantas fui perguntada sobre se já estava pronta para uma nova disputa eleitoral depois das eleições presidenciais de 2018. Eu ignorava, dizia que as redes que promovem *fake news* trabalham de maneira permanente e contínua e que a destruição de seus alvos é feita de forma cumulativa, sempre partindo do último estágio alcançado e não do zero. Esquecia, também, que, cada vez que a violência política de gênero é autorizada socialmente, os agressores sentem-se mais livres, tornando-se, portanto, mais violentos. No caso objetivo da violência política contra mulheres, os impactos da violência dirigida a uma de nós abrem portas para a violência dirigida contra todas nós.

Por isso, posso dizer que aprendi, ao longo das oito eleições que disputei: *a última é sempre a pior e perde apenas para a que virá.*

Sou de uma geração de mulheres que começa a militância política de esquerda sem uma compreensão enraizada sobre a questão de gênero. Conto isso muitas vezes porque me parece importante para desmistificar essa ideia de que já nascemos feministas e com consciência de que somos vítimas de violência enquanto mulheres. Eu era da turma que ironizava a minha própria condição de mulher no movimento estudantil. Mesmo com consciência sobre a necessidade da luta pela transformação do Brasil, ignorava que as questões de gênero (e de raça ainda mais fortemente) estruturam as desigualdades em nosso país. Quando menciono que era irônica com minha condição de gênero, refiro-me ao fato comum de mulheres de minha geração se somarem a críticas e piadas com outras mulheres como forma de sentirem-se protegidas do machismo e da violência que também as atingem. Tudo isso mudou quando, aos 23 anos, assumi meu primeiro mandato de vereadora e já na primeira semana ouvi de um parlamentar, com a idade de meu avô, que meu decote o provocava. Depois, em Brasília, isolada na condição de parlamentar mulher jovem sem parentes importantes, mesmo recordista de votos, fui apelidada de "musa" e permanentemente posta à prova: a bonitinha não poderia ter capacidade, não é mesmo? Na primeira eleição majoritária, em 2008, aos 26 anos, não era tratada como a jovem corajosa e ousada, já vereadora e deputada federal, mas como a "drogada", um adjetivo que os setores conservadores sempre usam para explicar todos aqueles que eles não conseguem entender. Recordo também uma charge que circulava em Porto Alegre, em que eu segurava um urso de pelúcia e estava desenhada como uma criança de mãos dadas com o meu então candidato a vice, que me dava ordens. Ou seja, eu era uma mulher retratada como infantilizada, que seria mandada pelo homem. Outras batalhas vieram. As mentiras e a violência sempre estiveram presentes. Mas jamais na dimensão alcançada pelas redes de disseminação de *fake news* a partir das eleições de 2014.

E então, entre 2014 e 2020, tornei-me um dos alvos preferenciais das máquinas de destruição de reputação de mulheres. "Colhi os frutos" dessa destruição permanente e continuada nas eleições de 2018, quando todos os atributos negativos construídos a meu respeito foram utilizados ao mesmo tempo: a Manuela "hipócrita", que defendia o socialismo mas fazia enxoval milionário em Miami; a Manuela "drogada", com tatuagens horrorosas e olheiras profundas; a Manuela "vagabunda", que tinha fotos (falsas) nua circulando por aí; a Manuela "ardilosa", que articulava o assassinato do seu adversário; a Manuela que manifestava ora uma fé, ora outra, em montagens e edições exibidas inclusive em canais televisivos.

Passada a eleição, mesmo sem exercer mandatos, os ataques seguiram, relançados ou reeditados com pequenas variações. Eu imaginava que nada seria pior do que o que já havia vivido. Mas ignorava que o ponto de partida deles na eleição de 2020 era exatamente este: tudo de pior que eu havia vivido. Ou seja, eles começam sempre do acúmulo de destruição da minha imagem promovido ao longo de todos estes anos de vida política, e, sobretudo, exponencialmente depois da utilização das tecnologias para distribuir *fake news*.

"A última é sempre a pior e perde apenas para a que virá"

A campanha eleitoral de 2020 aconteceria num cenário absolutamente diferente: a pandemia de covid-19. Fiquei meses em casa, saindo raramente. Fizemos debates e a construção do programa, reuniões com partidos, tudo de dentro de casa. Foi desafiador viver os obstáculos da pandemia enquanto nossos adversários a ignoravam, mas isso também faz parte do que significa, na prática, lutar contra o negacionismo. Isso resultaria num processo eleitoral novo. Sem contar o calendário: jamais havia disputado uma eleição, em Porto Alegre, com o calor escaldante que vivemos nos meses de outubro e novembro. Conversei com a equipe da comunicação, avisando-a de que montaria processos mais simples e com menos pessoas envolvidas na produção de televisão, com o objetivo de cuidar de mim e de todos. Aprendi a me maquiar, levava de casa as roupas para as gravações. São processos que muitos ignoram que existem, mas, sim, na produção de programas de televisão tem tudo isto: maquiadora, cabeleireira, roupa produzida. Além disso, meu cabelo estava comprido para os meus parâmetros e eu engordei dez quilos durante aqueles meses trancada em casa. Pronto. Quando viram a foto escolhida para a urna, naturalmente com uma Manuela diferente dos anos anteriores, rapidamente construíram um conjunto de ataques virtuais com grande distribuição: eu estaria tentando parecer uma crente, mãe de família (juro que não entendo o que eles acham que é parecer uma mãe de família, já que com qualquer cabelo e roupa eu deveria parecer aquilo que realmente sou: uma mãe). Isso tudo com a foto que apareceria apenas na urna, já que todo o nosso material foi feito a partir de uma ilustração do artista gráfico Cris Vector, em que eu estava justamente com o cabelo pintado de rosa. Isso tudo parece tão ridículo, né? Como alguém que pintava o cabelo de cor-de-rosa imaginaria que as pessoas esqueceriam sua imagem? Mas não é sobre ter sentido, é apenas sobre a destruição da imagem a partir do machismo e da misoginia.

Na primeira manhã da eleição, tínhamos um debate marcado. Em função das outras três disputas majoritárias em que concorri (2008 e 2012 para prefeita e 2018 para vice-presidente da República), tenho já um método de estudo e preparação que me deixa relativamente tranquila nessas circunstâncias, mesmo sabendo que, naquele caso concreto, seria o alvo preferencial dos ataques por liderar todas as pesquisas. Eu sabia que um parlamentar com quem tinha me relacionado havia uma década, quando jovem, também seria candidato à Prefeitura. Imaginei que fizesse parte

130 | Eu sempre soube que era difícil...

de seu plano para conseguir garantir a reeleição para deputado. Num dos blocos, o debate deveria acontecer entre nós dois, e eu fui surpreendida por um conjunto de ataques absolutamente violentos contra mim, minha honra e meu caráter. Aprendi, com o passar do tempo, a falar apenas sobre o que quero e não sobre aquilo que querem que eu fale. Solenemente ignorei os ataques sofridos diante de um conjunto de candidatos que esboçavam reações distintas em seu automóvel estacionado: alguns riam, outros ficaram impactados. Eu me pus a pensar: a serviço de qual de meus adversários essa candidatura laranja de um ex-namorado havia sido construída? Entendi, de maneira clara, que ele faria uso, para me atacar, da legitimidade que homens com os quais mulheres se relacionaram têm socialmente. Percebi que o tal de "em briga de marido e mulher ninguém mete a colher" seria validado como máxima por adversários e pela imprensa. Mesmo que não se tratasse de um marido, mesmo que nada tivesse de pessoal naqueles ataques.

Jamais imaginei que iriam tão longe e que quase não encontrariam obstáculos para isso. Já naquela ocasião, as deputadas Maria do Rosário (PT/RS) e Jandira Feghali (PCdoB/RJ) escreveram um brilhante manifesto sobre a violência política de gênero. As pessoas pareciam acreditar fortemente que tudo aquilo que eu vivia era parte natural do fazer política, um preço que eu deveria pagar por estar nesse espaço masculino da disputa de poder.

Alguns dias depois, teríamos o único debate televisivo do primeiro turno, na Band. Quando cheguei, preparada e entusiasmada para apresentar nossas ideias, vi vários candidatos rindo, trocando piadas com aquele candidato vulgar. Os sorteios – nunca tive sorte com eles – fizeram com que no primeiro bloco eu perguntasse para esse candidato. Na réplica, um ataque pessoal em que ele dizia que eu havia traído todas as minhas amigas, amigos e a ele, "claro", usou com sarcasmo. De qual traição ele falava? Pessoal ou política? Pouco importa para quem escuta. Mulheres públicas são sempre loucas, burras, putas, abjetas e nojentas, como já sistematizou a professora Perla Haydee da Silva.[1] Fosse qual fosse a traição de que ele me acusava, só reforçaria a ideia de que eu era uma puta ou uma mulher abjeta. Saí do debate sentindo uma solidão e uma vergonha indescritíveis e que só cresceriam nos dias seguintes.

Nossa curva nas pesquisas era ascendente, cada vez mais três adversários brigavam entre si pela segunda colocação, e nossa liderança se consolidava. Então, todas as *fake news* foram reeditadas. O submundo foi acionado: Eduardo Bolsonaro e Olavo de Carvalho declararam guerra à minha candidatura em suas redes sociais. Em decisões judiciais, a retirada de quinhentas mil postagens falsas foi determinada: quinhentas mil postagens em uma cidade com um milhão e meio de habitantes. E imagine só: o WhatsApp sequer entra nessa conta. Além disso, estamos falando apenas de notícias absolutamente falsas, e não de conteúdos misóginos, como aqueles relacionados ao meu corpo, cabelo e vida privada.

---

1. Perla Haydee da Silva. "De louca a incompetente: construções discursivas em relação à ex-presidenta Dilma Rousseff". Tese de doutorado em Linguística – Programa de Pós-Graduação em Estudos da Linguagem, Universidade Federal de Mato Grosso, Cuiabá, 2019. Disponível em: <www./ri.ufmt.br/handle/1/1984>. Acesso em: 28 jan. 2022.

132 | Eu sempre soube que era difícil...

Os dias iam passando, e eu presenciei uma geração se envolver lindamente na campanha, tomando ruas e fazendo a esperança brilhar pela cidade. Ao mesmo tempo, os relatos de pessoas acreditando em *fake news* iam crescendo: "Ela vai fechar todas as igrejas!", diziam; "Ela vai liberar a maconha nas nossas escolas e obrigar todos os banheiros a serem unissex!", acreditavam.

Tivemos mais dois debates no primeiro turno. Em um deles, na Rádio Guaíba, fui novamente atacada de forma dura. Esse debate, assim como os dois anteriores, me fez lembrar daquela frase de Martin Luther King sobre o silêncio dos bons ser mais espantoso que o barulho dos maus. Afinal, escutar e compreender a quietude das candidaturas e dos jornalistas, durante e depois do debate, naturalizando o que eu vivia e tratando tudo como parte do processo político, era ainda mais espantoso que o conjunto de ataques misóginos e machistas do adversário candidato laranja/ex-namorado.

Em outro debate, do qual não participei porque não asseguravam regras sanitárias, outro candidato, José Fortunati (PSB), foi chamado, pelo candidato laranja, de "pau-mandado" ou algo do gênero, em função da maneira como hipoteticamente se relacionaria com a esposa (percebam a misoginia). Ele reagiu mencionando como os ataques a mim seriam uma questão pessoal. A verdade é que ele foi o primeiro candidato a falar sobre a violência que eu estava enfrentando, mesmo que tenha sido com a intenção de defender a si próprio. Ainda assim, eu não conseguia sair da trama construída com base na ideia de que a violência se tratava de um problema pessoal do candidato comigo, já que ele havia sido "deixado" por mim.

Insisto: não era um problema pessoal, pois ninguém espera uma década para revelar que está magoado. Era uma estratégia política bem definida: construir um enfrentamento fora do terreno das ideias, fora das propostas para a cidade, promover a disputa a partir do comportamento moral da candidata mulher. Lembrar a população, mesmo que de maneira indireta, que eu não era uma "mãe de família", expressão que eles amam usar, mas uma mulher capaz de terminar um namoro, de "abandonar" um homem. Uma puta. Uma mulher sem moral.

Com o movimento crescente de ataques, chegamos ao debate final do primeiro turno. O mais violento, o mais baixo, aquele em que, além dos ataques diretamente dirigidos a mim, nos espaços de pergunta e resposta, fui atacada em diálogos que não me envolviam. Sempre a partir de questões comportamentais que me vinculavam a uma mulher mau-caráter, traidora, mentirosa. Nesse debate, cheguei a ouvir que era "uma patricinha mimada" que deveria estar no shopping escolhendo bolsas e que ele não falaria mais sobre minha vida em respeito à minha filha, porque, caso contrário, iria me destruir.

Nessa noite, ocorreu um fato importante e que traz algumas reflexões: de maneira enfática, a candidata Fernanda Melchionna (Psol) usou uma de suas respostas ao candidato para dar nome ao que estava acontecendo comigo e chamar a atenção para o machismo e a misoginia. Esse acabou sendo um dos grandes momentos do debate: seja pela alegria de nossa turma nas redes sociais, que parecia não aguentar mais me ver sozinha enfrentando os ataques, seja pela alteração do comportamento do próprio candidato, que se sentiu pela primeira vez "freado" em suas intenções.

134 | Eu sempre soube que era difícil...

Talvez pela audiência do debate final, talvez pelo fato de a violência ter sido chamada pelo nome, essa foi a primeira vez que a sociedade pareceu ver aquilo que estava acontecendo ao longo de 45 dias e que já havia resultado no ingresso de duas ações judiciais (uma civil e outra criminal) contra o então candidato.

O assunto tomou as redes, fazendo com que o silêncio em torno da violência política de gênero fosse, pela primeira vez, quebrado. Para mim, a principal reflexão sobre isso é justamente que, quando nós mesmas somos as únicas a falar sobre o que vivemos, não conseguimos romper o espaço que nos trata como exageradas, "vitimistas" ou mesmo responsáveis/culpadas pelo que estamos vivendo. Para além da sororidade, é apoio dos demais que cria a voz capaz de denunciar com mais audiência a violência que sofremos. Parece inusitado dizer isso, mas minha denúncia sobre minha própria dor não foi escutada. Como não são escutadas as denúncias de mulheres todos os dias. Algumas pessoas argumentam que quem é atacado também ganha votos. No nosso caso, o das mulheres, não é verdade.

Chegamos ao segundo turno na eleição em que mais vi jovens agarrados a bandeiras e colocando seus sonhos para fora. Não é um detalhe, embora não seja objeto deste texto, a diferença gritante de escolha entre os mais jovens e os mais velhos nos últimos processos eleitorais, assim como a diferença entre homens e mulheres. A cidade abraçou a candidatura, as janelas tinham bandeiras, e os carros, adesivos. Tínhamos centenas e centenas de voluntários conversando com seus amigos e colegas de trabalho.

Mas foi então que mais uma vez aquele vento que costuma bagunçar as certezas soprou. Com ele, mais um convite à quietude se aninhou no costado de uma multidão de pessoas que decidiram não votar, votar branco ou nulo. Ainda no primeiro turno, esses tinham sido os campos de votação, e eu entendo: numa eleição marcada pela baixaria, escolher quem? A baixaria e a violência política atingem os que acreditam nelas, mas atingem também multidões que se tornam apáticas à política, que passam a acreditar que ela é um espaço sujo.

Mas havia também outro silêncio, o da vergonha de não votar a favor de um projeto e sim contra o outro. As pessoas não estavam apaixonadas pela ideia de transformar a cidade com meu oponente. Elas estavam convencidas de que precisavam impedir a cidade de ser transformada, impedir que uma mulher tão, mas tão profundamente abjeta governasse a cidade de seus filhos. O cabelo, o ex, a inexperiência (mesmo tendo mais experiência que meu adversário, apesar de menos idade), o falso uso de drogas ilícitas (elemento permanentemente utilizado de forma sagaz por meu oponente, quando dizia que eu enfrentaria a drogadição, tentando acionar o conjunto de *fake news* a meu respeito relacionadas ao tema)... As pessoas não gostam de dizer que votam em alguém porque não querem votar em outro alguém. Mas elas fazem isso. E fizeram isso motivadas pela misoginia em Porto Alegre.

Na internet, as *fake news*. Na televisão, os ataques. Nos debates, a desqualificação pessoal. Nos caminhões de som, as mentiras. Nas comunidades, os boatos. O machismo e a violência política não são o fim em si. São apenas o caminho com mais legitimidade social para a implementação de ideias absolutamente despreocupadas com o povo. Assim funcionou, por exemplo, o golpe contra Dilma: o impeachment serviu para dar vazão a um projeto ultraliberal, antinacional, antipopular e antidemocrático. Mas o caminho percorrido foi o da misoginia, violência política de gênero e machismo.

Sou sincera ao dizer que a mim não surpreende que o vencedor tenha sido um homem que no último debate eleitoral exibiu orgulhosamente para os fotógrafos uma pasta preta, anunciada como "dossiê", com o nome de meu ex-namorado/candidato laranja. Em uma eleição em que o silêncio foi cúmplice, permitindo que a violência política de gênero crescesse dia após dia, só poderia mesmo triunfar quem se associasse a ela.

Quando a eleição acabou, eu pensei que levaria muito tempo para uma mulher pública viver situações de violência como aquelas que eu havia vivido. Dias depois, a deputada Isa Penna (Psol/SP) foi apalpada nos seios dentro do plenário da Assembleia Legislativa de São Paulo. Quando tentou denunciar, teve que pedir silêncio diante de um plenário indiferente à violência que ela havia sofrido e que fora amplamente documentada. Quando vi as imagens, funcionou como gatilho: eu não conseguia falar sobre o episódio, apenas chorar.

Mesmo depois de tanto, eu seguia ignorando que nunca é apenas sobre uma de nós, mas sobre todas nós. Um novo limite foi ultrapassado para violentar Isa. *Um novo limite está colocado.* Até quando deixaremos que eles superem seus próprios recordes de barbáries?

10. VIOLÊNCIA POLÍTICA DE GÊNERO, NO SINGULAR E NO PLURAL

Maria do Rosário

> Maria do Rosário é professora, mestre em Educação e doutora em Ciência Política pela Universidade Federal do Rio Grande Sul (UFRGS). Foi ministra de Direitos Humanos durante o governo da presidenta Dilma Rousseff. Filiada ao Partido dos Trabalhadores, é deputada federal pelo Rio Grande do Sul, tendo ainda sido vereadora e deputada estadual. Atualmente é secretária nacional de Formação do PT.

Que a violência está no âmago da política no Brasil e muito além de lhe imprimir método e forma, participando de seu conteúdo cultural, é fato reconhecido.

É comprovado também que nações que experimentam violência sistemática e organizada do Estado ou de estruturas que exerçam papel análogo conservam ativas as memórias do terror, da perseguição e do medo, cujo processo de superação exige, em primeiro lugar, romper o silenciamento.

Assim, é o conhecimento da verdade sobre a prática da violência em cada país que inaugura o processo referido como justiça de transição, capaz de romper a cultura autoritária e de construir valores democráticos.

Ocorre que no Brasil não fizemos esse processo, e, nos aspectos pontuais em que buscamos exorcizar os horrores da violência

138 | Violência política de gênero...

política de Estado, não o fizemos até o fim. Não se trata de um ferimento aberto, mas de ter sido fechado infectado, de forma que segue a nos corroer por dentro.

Nesse contexto, tanto histórico quanto eivado por particularidades do presente, a violência política pode ser considerada a matriz sobre a qual as demais expressões violentas, que são as graves e sistemáticas violações aos direitos humanos em natureza diversa que ocorrem no Brasil, atingem a sociedade e destroem a vida das pessoas.

Mais do que nunca, quando há governantes de orientação fascista no comando do país, a violência política funciona como uma espécie de referendo ou aval cultural da autoridade, ainda que marcada pela ilegitimidade ou ilegalidade, permitindo o reforço de hierarquias que nunca deveriam ter sido instituídas e precisam ser apontadas como inaceitáveis, como a de gênero. A violência endêmica, multifacetada, difusa que ocorre no cotidiano brasileiro precisa ser compreendida em cada uma de suas expressões, para vir a ser culturalmente enfrentada e estruturalmente desmantelada. Mas reconhecer na violência política a matriz de onde partem suas expressões implica estabelecer em grau de prioridade o seu enfrentamento no exercício do poder político e a defesa efetiva da democracia.

No sentido contrário, o que ocorre no Brasil é que a violência ocupa lugar mais destacado na política do que o debate de ideias. Ao longo dos últimos anos foram combinadas a violência da perseguição e morte a adversários políticos, como ocorreu no assassinato de Marielle Franco, com tecnologias que diversificaram o alcance e o poder destrutivo da imagem pública e da vida privada de adversários por meio do uso não ético das tecnologias de informação. Simbolizam esse processo de destruição da política a manipulação das eleições de 2018, marcadas pela disseminação de conteúdos criminosos contra Fernando Haddad e Manuela d'Ávila, e as eleições de 2020, de novo nos ataques a Manuela, candidata em Porto Alegre.

Ainda que no limite estreito dos processos eleitorais, o Brasil viveu um período de democracia perpassando o processo constituinte até 2016. O desmonte dessa experiência ocorre de forma golpista, com retrocessos institucionais graves, mas sobretudo reacendendo valores não democráticos na sociedade brasileira.

O golpe contra Dilma Rousseff, com suas características de ódio político e de gênero, escancara o quanto a extrema direita e a própria direita clássica no Brasil, além de desprezarem a democracia como regras instituídas, utilizaram-se de valores reacionários, estigmatizantes e opressivos contra a mulher, para disputar sua agenda política e econômica para o país e levar a cabo seu objetivo de poder.

Na composição da Câmara dos Deputados que cassou a presidenta de forma ilegítima, cada parlamentar homem, branco e rico, ao saudar sua própria família, apresentou-se como dono do poder, capaz de excluir desse exercício quem não lhe for idêntico em todos os sentidos.

Não por acaso a disputa de fundo sobre um projeto para o Brasil, sobre as tarefas de Estado e o poder do capital se articula a manifestações misóginas e de franco ataque à mulher na política. O machismo foi a linguagem pela qual os golpistas criaram

140 | Violência política de gênero...

rapidamente a empatia necessária para levar adiante seus objetivos, uma vez que a violência de gênero possui atravessamento por todas as classes sociais e regiões do país.

Todo o jogo que culmina na sessão fatídica de 2016 começou a desvelar algo até então enganosamente percebido como episódico e não como estrutural: a violência política de gênero e a histórica exclusão das mulheres das decisões políticas e dos espaços de poder.

Nos tempos atuais, potencializa-se a relação sobre a qual o Brasil se formou como um país desigual sob as dimensões de classe, escravização humana negra e opressão patriarcal, sendo a violência não o mero exercício de um poder desigual sobre/contra esses segmentos, mas a busca de excluí-los de qualquer poder.

Para nós, mulheres, a violência política não é algo que olhamos de fora. Ela nos diz respeito. Sua ocorrência marca nossa vida usando mecanismos que se tornam tão comuns que, muitas vezes, deixam até de ser percebidos.

O primeiro aspecto da violência política contra as mulheres encontra-se na histórica exclusão dos espaços institucionais. A ausência ou ínfima representação institucional das mulheres não é um acaso, mas resultado de um processo cultural articulado para manter as instituições políticas sem a presença feminina, mesmo no período em que foram conquistados formalmente direitos civis igualitários. À sub-representação corresponde um não empoderamento político feminino no Brasil – nas instâncias de poder e de decisão –, a despeito das lutas feministas de um século, e corresponde também o lugar econômico e de submissão histórica das mulheres no âmbito doméstico e familiar.

Sendo uma nação na qual vigorou o voto censitário, cujo direito era assegurado pela titularidade de propriedade e pela escrita do próprio nome, e com as mulheres excluídas da propriedade e do conhecimento das letras, o universo das escolhas políticas lhes foi peremptoriamente negado. Nessa realidade histórica, da inexistência de representação à conquista desbravadora das primeiras representantes, não se rompeu uma condição diminuta, sempre e até os dias atuais, desproporcional ao contingente feminino da nação. Compreender a exclusão de poder das mulheres como o padrão da sociedade brasileira e das instituições é reconhecer a dimensão de gênero em relação ao poder patriarcal que massacrou e dominou a vida de cada uma, do nascimento à morte.

Se a primeira violência política de gênero é a exclusão da política, ela não é a única. Em minha experiência política e na observação da vida parlamentar, percebo que a violência política de gênero nessas instituições tem sido exercida por processos que se combinam. De um lado, um ambiente em que se tenta desconsiderar e apagar argumentos políticos e a atuação das mulheres no parlamento. De outro, ataques feitos à "pessoa mulher" mais do que ao seu ideário ou a iniciativas políticas.

Nas duas vertentes combinadas, quem exerce a prática violenta demonstra não reconhecer a igualdade de condição da mulher como parlamentar ou representante político, não aceitar a autonomia de pensamento e ação da mulher e, principalmente, não aceitar qualquer contraposição que dela advenha. Ou seja, quem utiliza a violência política de gênero busca silenciar a mulher, ainda que ela exerça um mandato para o qual foi eleita.

142 | Violência política de gênero...

Assim, como aconteceu no exercício de mandatos parlamentares contra mim, presenciei a agressão pública por palavras humilhantes contra muitas mulheres e pude acompanhar processos difíceis desencadeados a partir desses momentos em sua vida.

Na era da informação, os ataques desqualificados feitos presencialmente são ligados à divulgação massiva de imagens, manipulação, *fake news*, múltiplos caminhos com o objetivo de destruir. O núcleo central da violência política de gênero, seja qual for seu veículo, é desvalorizar a mulher, destruir sua imagem pública, minar a confiança que inspira nos demais. E também marcar publicamente sua vida familiar e sua existência com valores que rivalizam com grupos determinados e mesmo com o senso comum sobre os papéis que ela "deva" exercer como mulher. Tais práticas isoladas ou combinadas configuram-se como violência política de gênero.

É difícil mirar um processo histórico quando lhe somos contemporâneos e, de alguma forma, partícipes diretos do olhar e da ação perversa de violadores. Nós nos preparamos para proteger mulheres e outras vítimas de violência – e olha nós aí, precisando de proteção.

A trajetória de muitas de nós na política brasileira tem sido marcada pela violência. Isso vem exigindo que nos mantenhamos vivas em todos os sentidos, reconhecendo os ataques que nos são desferidos como parte de uma estratégia mais ampla de destruição de uma presença com caráter transformador das mulheres na política.

É mais do que necessário compreender que a violência política de gênero visa a obstruir/impedir nossa atuação política e que é imperioso desvelar e desmontar as imagens falsas usadas para nos destruir. Se o debate de ideias é um dos principais atos da política, é importante frisar o quanto os segmentos mais atrasados que exercem o poder no Brasil atuam para roubar das mulheres o direito à apresentação de argumentos toda vez que utilizam o espaço das instituições com agressões e estereótipos absurdos para coesão de sua base populista machista.

De fato, isso se realiza quando mulheres são desrespeitadas e os próprios parlamentos e conselhos de ética não tomam providências. Também quando a imagem e as características físicas e estereótipos de todo tipo são construídos como estratégia planejada contra mulheres que enfrentam grupos e representantes fundamentalistas. Quando sua sexualidade, seus relacionamentos, as funções e os papéis historicamente femininos na divisão sexual do trabalho, sua opção ou não pela maternidade e cuidados familiares, entre outras questões que digam respeito à sua vida privada, são trazidos a juízo público, ainda mais pelo olhar de seus detratores.

A prática que foi descrita é comum e reconhecida nos parlamentos. E não é contraditória ao fato de que, ao longo dos últimos anos, tenham sido conquistadas alterações no sistema eleitoral para ampliar a possibilidade de eleição das mulheres para as casas legislativas, mesmo com medidas que não resgatam a diferença entre o gênero, verdadeiro déficit democrático do Brasil. A violência política de gênero ocorre, sem dúvida, mantendo limitada a presença das mulheres nos espaços de poder parlamentar, por exemplo, mas não se expressa principalmente pela dimensão numérica da representação, e sim por seu conteúdo.

144 | Violência política de gênero...

Mesmo com nova legislação para a garantia de recursos destinados a ampliar numericamente a presença de mulheres nos processos eleitorais, não se superaram algumas das principais dimensões da violência política de gênero no Brasil: a desigualdade de poder econômico; a eliminação da discriminação de gênero na linguagem direcionada às mulheres candidatas, em geral no sentido de desqualificá-las quanto à sua capacidade e à sua humanidade e também de estigmatizá-las, enquadrando-as como inferiores. Da mesma forma, não se adotaram medidas concretas para impedir a violência caracterizada pelo gênero ou pela raça por parte das autoridades eleitorais.

É claro que tal violência pode perpassar diferentes estruturas de participação e representação da própria sociedade, como associações, sindicatos, grupos diversos, partidos. É necessária muita reflexão para a formação de uma cultura de poder não excludente das mulheres.

No entanto, no que diz respeito à disputa eleitoral e à presença nas instituições parlamentares, a violência política de gênero sempre será direcionada à mulher, por um combinado de fatores, que inclui se colocar politicamente contra quem agora a ataca violentamente. Os autoritários não aceitam a contraposição de uma mulher.

Assim, a violência política de gênero visa a calar e/ou descredibilizar mulheres que exercem a representação com autonomia e disputam espaços de poder desafiando práticas políticas que foram consolidadas naturalizando sua exclusão. A construção da equidade na representação política é uma tarefa da democracia, na medida em que a presença das mulheres carrega o potencial de conferir maior transparência à política, trazendo suas decisões para a vida pública. Mas esse é um potencial que pode ou não se realizar.

Se a violência política de gênero direcionada às mulheres que participam da luta por direitos – sobretudo as feministas –, alcançar seu objetivo, a representação feminina poderá ser maior. Mas nem por isso necessariamente exercerá uma transformação qualitativa na luta pela autonomia. Nosso desafio é que a presença das mulheres na política não seja moldada pelo conservadorismo, mas pela solidariedade e pela contestação do autoritarismo vigente na sociedade e no Estado brasileiro, tarefa que as feministas na política têm realizado em diferentes momentos históricos.

Resistimos quando não permanecemos um só instante com a identidade de vítimas e nos descobrimos sempre e cada vez mais integradas a um projeto de transformação de tudo que existe a nos oprimir, inclusive a política, a economia e a cultura. Sendo assim, nesse processo ocupamos ao mesmo tempo um lugar singular e plural. De análise, denúncia e inconformidade.

Analisar a violência política de gênero sendo mulher faz toda a diferença. Em minha trajetória, percebi que, no Legislativo ou no Executivo, nossa atuação que desbrava espaços de poder não é a de apenas legislar sobre a violência ou executar e criar programas para mulheres.

A violência faz com que exista um elo entre as vítimas de feminicídio, aquelas que sofrem violências sexuais, as mulheres que buscam atendimento e medidas protetivas com base na Lei Maria da Penha, e nós, mulheres que devemos protegê-las e que

146 | Violência política de gênero...

também sofremos outro tipo de violência. Todas somos afetadas por construções culturais e sociais que estruturam as relações e se retroalimentam.

E é quando adentramos os espaços de poder com uma perspectiva de transformá-los e posicioná-los no atendimento a todas as mulheres, a toda uma nação, que mais a violência política se revela como misoginia, como ódio, como pulsão e movimento organizado para nossa morte política ou de fato, como bem nos lembra a professora e pesquisadora Flávia Biroli.

Na reflexão sobre minha experiência pessoal, aprendi que expressar a indignação contra os atos difamatórios, que se pretendem intimidadores e que são sobremaneira corrosivos de minha identidade pública, de minha pessoa e atingem pessoas que eu amo e me são próximas, é uma forma de reagir contra cada um deles e de me manter viva.

E tem sido esse exercício, sobretudo em espaços com mulheres, que me permite buscar compreender esse fenômeno, construir alternativas para o seu enfrentamento e perceber que, por mais difícil que seja para cada uma que sofre as humilhações públicas da violência política de gênero, é na primeira pessoa do plural, não do singular, que somos atingidas. E é no plural que podemos exercer resistência e transformação política e cultural com nossa solidariedade e apoio mútuo.

É preciso que todas nós compreendamos que essa violência produz danos, pois não se limita ao lugar onde se tornou mais visível, as instituições. É disseminada em grau e forma em todos os lugares onde nós, mulheres, expressamos nossas ideias e exercemos a liderança de pessoas e os posicionamentos políticos. Seu tempo não é o passado ou o presente, mas um processo contínuo e corrosivo. Nossa vida fica marcada pelas violências que sofremos, alterando nossa própria biografia.

Ao escrever, transitei nas muitas pessoas, do eu para o nós, pois a vida autoriza que este texto, ou qualquer outro escrito por uma mulher sobre a violência política de gênero, seja enunciado na primeira pessoa. Transitar entre o singular e o plural nesse fenômeno (do eu para o nós) é o que faz a diferença para nossa sobrevivência pessoal e pública.

É assim que tenho vivido minha vida e minhas lutas, num constante abraço em todas as mulheres de quem me tornei companheira contra as injustiças que tenham sofrido. E foi assim que decidi, como todas elas, derrotar o ódio.

11. *FAKE NEWS*: A VELHA NOVA REALIDADE

Marina Silva

Marina Silva é professora, ambientalista e política brasileira. Formada em História, tem especialização em Psicopedagogia e Teoria Psicanalítica. É doutora *honoris causa* pela Universidade Federal da Bahia e pela Academia Chinesa de Silvicultura. Iniciou a vida pública no final da década de 1980 e durante esses anos recebeu reconhecimento dentro e fora do país pela defesa do meio ambiente, das comunidades tradicionais e do desenvolvimento sustentável com justiça socioambiental. Recebeu dezenas de títulos e prêmios nacionais e internacionais. Foi escolhida como a mulher do ano pelo *Financial Times Magazine* em 2004 e figurou em 2008 na lista do jornal britânico *The Guardian* entre as cinquenta pessoas que podem salvar o planeta. Foi vereadora, deputada estadual e também ministra do Meio Ambiente. Disputou as eleições presidenciais de 2010, 2014 e 2018. É fundadora e porta-voz do partido Rede Sustentabilidade e atua também como professora associada da Fundação Dom Cabral.

Quando eu era criança e pedia bênção à minha avó Júlia, ela costumava responder: "Deus te dê inteligência para o bem." Não sei se ela antevia que um dia eu sairia de nossa pequena comunidade na floresta, conheceria as grandes cidades, me engajaria nas lutas sociais e ambientais e teria uma trajetória política de âmbito nacional e até internacional. Mas a interessante fórmula de sua bênção me

150 | *Fake news*: a velha nova realidade

serviu como síntese de um imperativo ético e existencial: na vida, especialmente na política, a inteligência para o mal, graças a Deus e àqueles que ajudaram a fazer a tessitura de minha vida, nunca foi minha opção. Enganar, mentir e manipular com o intuito de obter algum tipo de vantagem era o beabá do sistema econômico e político contra o qual me insurgi, desde muito jovem, junto com tantas pessoas corajosas, honestas e sinceras que tive a graça de encontrar.

Vivíamos a segunda década da ditadura, enfrentávamos desarmados as ameaças de morte que, infelizmente, se realizaram para tantos companheiros. Para nós, a democracia era uma esperança. Queríamos ter a liberdade de expor nossas ideias, debater, esclarecer, convencer com a força dos argumentos – jamais com o argumento da força. E foi com esperançosa alegria que vimos ressurgir a imprensa sem censura, as eleições diretas, o direito de greve, a demarcação das terras indígenas, as primeiras conquistas da nova Constituição aprovada em 1988.

Acreditamos na força da democracia renascente e no princípio da liberdade de expressão: o debate plural de ideias. Quando há mais de uma perspectiva sobre determinado tema, é possível, a partir do debate honesto, com princípios e valores duradouros, encontrar caminhos adequados para uma decisão de interesse coletivo. Mas havia ainda um longo caminho para conquistar uma democracia plena. Vimos, nos anos seguintes, como eram estreitos os limites em que nos movíamos.

Desde o início da minha vida pública travei debates intensos com companheiros e com opositores. Em algumas vezes convenci, em outras fui convencida. Parte delas venci, outras perdi. No processo democrático, seja na sociedade civil ou nas instituições de que fiz parte, fui aprendendo o quanto era difícil manter a regra básica de discordar das ideias sem o intuito de aniquilar o interlocutor. E, principalmente, o quanto era difícil superar o obscurantismo dos preconceitos enraizados na formação de nosso sistema político desde os tempos coloniais – a herança sangrenta da escravidão, do genocídio dos indígenas, do patriarcado. A política não era território fácil para mim, trabalhadora pobre, mulher, negra, seringueira, recém--saída do analfabetismo.

Desde as primeiras campanhas eleitorais, enfrentei as "baixarias", como chamávamos os expedientes mais mesquinhos baseados no uso da mentira. No começo eram os boatos. Baseados na doentia atração pela maledicência, a tão comum e conhecida "fofoca", eles eram intensos nos períodos de disputa política – das menores associações de bairro até o parlamento e o governo. No meu caso, candidata a vereadora, deputada estadual e senadora, fiquei estarrecida com o que diziam a meu respeito. Uma das histórias mais ofensivas e fantasiosas era a de que eu tinha desprezado e abandonado minha mãe, que sobrevivia pedindo esmola na feira. E eu não podia fazer nada além de falar, sempre que podia, que minha mãe havia falecido quando eu tinha catorze anos e morava no seringal.

Depois vieram os panfletos, textos apócrifos e mentirosos. Antes do advento da internet, era comum que nas vésperas de uma eleição fossem espalhados – geralmente de madrugada – com falsas acusações sobre determinado candidato que poderiam ser determinantes no resultado da disputa. Tínhamos poucos meios de contradizer a mentira, e, embora soubéssemos

152 | *Fake news*: a velha nova realidade

quem se beneficiava dela, não havia como provar sua autoria e punir os seus divulgadores. Também fui difamada em muitos desses panfletos. Lembro, por exemplo, que fiquei meses sem poder visitar algumas cidades do Acre, onde me acusavam de ter, no Senado, impedido a pavimentação de uma estrada. Na verdade, tudo o que eu queria era que ela fosse feita criando unidades de conservação, demarcando e respeitando as terras indígenas, a fim de proteger nossa rica e bela floresta.

Em 2011, durante os debates sobre as mudanças no Código Florestal, um deputado utilizou irresponsavelmente a tribuna da Câmara para dizer que meu marido estaria envolvido em esquema de desvio de madeira ilegal, apreendida por fiscalização na Amazônia. Ato contínuo, fomos ao Ministério Público (MP), eu e meu marido, e pedimos para sermos investigados. Dois anos depois o MP se manifestou,[1] dizendo que não havia o que investigar, que a acusação não procedia. Anos depois, nas redes sociais, não é difícil encontrar quem diga que "o marido da Marina é madeireiro".

De todo modo, não posso deixar de registrar que precisamente durante as eleições de 2014 o aumento da quantidade de notícias falsas sobre mim foi vertiginoso, exponencial. Uma máquina de aniquilar a reputação foi organizada pelo marketing da campanha do PT e também utilizada convenientemente pelo PSDB, partidos da "polarização", que desde a campanha de 2010 eu denunciava como empobrecedora e manipuladora da política brasileira.

---

1. Conforme o Processo nº MPF/PRG 1.00.000.005422/2011-58.

Aí surgiram as primeiras experiências do que hoje conhecemos como *fake news*, acompanhadas por uma produção industrial de *memes*, montagens fotográficas e todo tipo de efeitos visuais.[2] O que aparecia nas propagandas eleitorais eram peças manipulando emoções e temores. Um exemplo é a cena em que a comida da mesa de uma família de trabalhadores desaparece enquanto banqueiros fumam charutos e riem de forma perversa da desgraça e miséria do povo. Mas a velocidade nas redes sociais e a boataria nas comunidades iam muito além. Expunham, por exemplo, minha amizade com Neca Setúbal, uma das coordenadoras de minha campanha, como "prova" de que eu entregaria o Brasil aos banqueiros. Logo a Neca, profissional exemplar da área da Educação, muito elogiada, depois, por prefeitos petistas.

Surgiu de tudo. Outro exemplo, na mesma linha: quando participei da Fenasucro, feira do setor sucroenergético de Sertãozinho, no estado de São Paulo, falei para um grupo de empresários preocupados com seus negócios, pois o governo federal não estava cumprindo a promessa de fortalecer o etanol

---

2. Já em 1989 tínhamos visto a ousada simulação da mentira quando foram publicadas fotos dos sequestradores do empresário Abílio Diniz vestidos com a camisa da campanha de Lula, na primeira vez que concorreu à Presidência. Um jornal do Acre deu manchete de capa com a acusação explícita de que o PT tinha sequestrado o empresário. Quinze anos depois, ironicamente, apoiadores de um PT já bastante mudado manipularam uma antiga foto em que eu aparecia abraçada com Lula em um comício: substituíram o rosto do ex-presidente pelo do pastor-deputado Marco Feliciano. A história se reedita e já não se distingue o drama da farsa.

brasileiro. Repeti uma frase famosa no universo socioambiental: "A Idade da Pedra não terminou por falta de pedras, mas porque o ser humano evoluiu e encontrou outros recursos." Em analogia, completei, a Era do Petróleo não acabaria por falta de petróleo, mas pela descoberta de outras matrizes energéticas, sobretudo em função do grave problema das mudanças climáticas, e, nesse sentido, o etanol deveria ser uma das prioridades do próximo governo. No dia seguinte, uma manifestação foi organizada em frente ao prédio da Petrobras no Rio de Janeiro. Segundo os organizadores, eu deixara explícito que era contra o pré-sal e, consequentemente, iria acabar com a Petrobras.

Tínhamos construído o programa mais avançado nas questões LGBTQIA+, que sequer foi lido antes de virar motivo de ataques. Tivemos que corrigir um erro na edição, pois um texto de colaboradores tinha sido impresso no lugar do texto oficialmente aprovado pela coligação. Isso bastou para gerar notícias de que, por ser evangélica, eu seria contra a comunidade, seus movimentos e seus direitos. E, mais, que meus seguranças teriam espancado até a morte um representante da comunidade que tentava se aproximar para me entregar uma carta. Em toda parte encontrávamos loucuras semelhantes: na cidade de Belém eu acabaria com o Círio de Nazaré; no Rio Grande do Sul, com os campos de fumo; em São Paulo, com Aparecida. No sertão do Nordeste, a notícia, propagada até por prefeitos em carros de som, era a de que eu acabaria com o Bolsa Família. Definitivamente eu mais parecia uma exterminadora do futuro do que candidata a presidente.

Faço esse relato como testemunho, não como queixa.[3] Recuso, com veemência, o termo "mimimi", com o qual têm sido estigmatizadas as legítimas reclamações das vítimas de violência e preconceito. É cruel o impedimento da reclamação, que, no meu caso, foi respondida com caracterizações do tipo "Tá vendo? Marina é fraca" e "Ela fica se fazendo de vítima". O que quero é deixar claro que meu caso é emblemático de uma tentativa política de "foraclusão". Tomo esse termo emprestado da psicanálise, na tentativa de caracterizar essa forma perversa de fazer política, algo mais grave que a exclusão: uma espécie de anulação do ser, um radical cancelamento social e político efetuado pelos operadores de um sistema contra aqueles que o ameaçam.

Qual sentimento essa recusa tão radical revela e tenta esconder? De qual trauma profundo e enorme ele nasce? O que vi e vivi, nas dimensões continentais do Brasil e na força da máquina que se moveu para me destruir, foi algo que já tinha me surpreendido e, confesso, me assustado em manifestações locais muito tempo antes. Primeiro, quando era vereadora na capital do Acre e soube, por uma amiga, que a esposa de um poderoso político local havia falado, no salão de beleza que frequentava, com uma expressão de ódio, que eu havia de "morrer seca". A amiga me pediu: tome cuidado, essa gente te odeia. O que me surpreendeu foi que eu nem conhecia pessoalmente aquela senhora, nunca

---

3. A queixa é a repetição improdutiva do trauma, enquanto o relatar ("relatar-se", como disse a psicopedagoga argentina Alicia Fernández) transforma o trauma em passado e ajuda a ressignificá-lo, tornando-o experiência produtiva de vida.

156 | *Fake news*: a velha nova realidade

havia tido qualquer contato com ela. Como poderia nutrir por mim sentimentos tão viscerais?

Depois foi numa campanha eleitoral em que organizamos uma carreata, com os fusquinhas de nossas poucas dezenas de apoiadores. Aconteceu de outro partido fazer a sua carreata no mesmo dia. Numa rua da cidade nos encontramos e, ao passarem os carros em direção opostas, os militantes de ambos os lados agitavam bandeiras e gritavam slogans de campanha – e alguns desaforos, é claro. De repente, na carroceria de uma caminhonete, uma mulher me viu e gritou, com o rosto desfigurado por forte emoção: "Marina, eu te odeio!" Tomei um susto enorme. Era alguém de origem humilde, moradora de algum bairro da periferia, como eu e tantas outras pessoas que eu procurava ajudar, lutando para que tivessem moradia digna, escolas de qualidade para seus filhos. Como podia aquela mulher, que eu nunca tinha visto, me odiar daquela forma?

Esses episódios me revelaram, ainda no início de minha trajetória na política, que há processos de ódio inescrupulosa e doentiamente estimulados. Apenas vagamente suspeitamos deles, ocultos nas dobras do tecido social. Só chamam nossa atenção quando deixam a condição de sentimento para se tornarem atos de violência, com irreparáveis consequências políticas, sociais e culturais.

Num ambiente assim, aprendi que nossas propostas de mudança na estrutura social, no modelo econômico ou até na defesa do meio ambiente não seriam debatidas, mas combatidas. Que nossa recém-conquistada democracia, ainda frágil e superficial, não suportava um tratamento mais profundo de problemas enraizados em nossa formação histórica e cultural. Que o sistema dominante tentaria nos eliminar, até assassinar, como vimos acontecer tantas vezes. O que não sabia, entretanto, e me surpreenderia com grande tristeza, era que muitos talentosos e inteligentes companheiros, por quem, mesmo não estando mais no mesmo partido político, nutria afeto e respeito, se deixariam assimilar por esse sistema, se renderiam ao seu atraso moral e espiritual, usariam dos mesmos meios e expedientes que antes combatiam, com a infeliz ideia de que *os fins justificam os meios*. E o quanto isso afetaria – por dentro e pela base – os nossos movimentos, organizações, coletivos, instituições e a parte que nos cabe na manutenção e renovação dos laços sociais já tão esgarçados pelas antigas e novas formas de violência emergentes em nosso tempo.

Meu relato, até aqui, tem o sentido de mostrar o ambiente cultural e o terreno anteriormente preparado para a plantação da *commodity* mais próspera do mercado contemporâneo: as famosas *fake news*. Na forma como vejo e enfrento esse fenômeno, não creio que constituam uma novidade, mas uma mudança de escala e uma evolução tecnológica de práticas antigas.

O termo *fake news* surgiu em 2016, na eleição presidencial norte-americana. Ele nomeia as práticas atualizadas e sofisticadas de disseminação e articulação de informações falsas, teorias da conspiração, boatos e materiais apócrifos, utilizando as ferramentas das redes sociais digitais.

Essa tecnologia reverberou forte no Brasil. Com uma rede montada para espalhar mentiras, foram atacadas e "desconstruídas" a imagem e a reputação de políticos, jornalistas, empresários,

158 | *Fake news*: a velha nova realidade

artistas e qualquer pessoa que tivesse visibilidade e credibilidade para influenciar opiniões. O mecanismo de disseminação do ódio e violência digital foi usado amplamente na campanha do atual presidente da República, como bem descreveu a jornalista Patrícia Campos Mello no livro *A máquina do ódio*.[4] Nem é preciso dizer, mas é bom que se registre, que a jornalista se tornou uma vítima preferencial da tal máquina, operada em gabinetes, como sabemos.

Participei desses episódios recentes na condição de candidata nas eleições de 2018, mas também antes e depois. Quem se dispõe a dar uma breve olhada em minhas publicações na internet há de notar que os espaços dos comentários são densamente ocupados pelos robôs programados nos "gabinetes do ódio". Continuei sofrendo o rescaldo das baixarias de 2014, agora batizadas *fake news*, e de muitas outras novas modalidades. No período entre as eleições, dizem que eu "andava sumida", mesmo assinando colunas em jornais e sites de grande circulação, concedendo entrevistas semanalmente, fazendo palestras e me posicionando todos os dias nas redes sociais. Foi reforçada sistematicamente a ideia de que sou "muito frágil", totalmente oposta à minha condição de renitente sobrevivente da pobreza, das doenças que me acometeram desde o seringal, da violência que ceifou a vida de tantos que lutaram nos movimentos socioambientais da Amazônia.

---

4. Patrícia Campos Mello. *A máquina do ódio: notas de uma repórter sobre* fake news *e violência digital*. São Paulo: Companhia das Letras, 2020.

A violência da campanha eleitoral em 2018 foi precedida de uma preparação, digamos, cientificamente pensada. São bem conhecidos os casos de violência digital contínua contra todos os que estavam no caminho da autodenominada nova direita emergente. No meu caso, houve também uma campanha de desconstrução por parte de dirigentes evangélicos conservadores, que passou despercebida aos olhos do conjunto da sociedade. Não havia uma palestra em igreja ou encontros de lideranças cristãs em que eu não encontrasse uma claque de provocadores e disseminadores de boatos e *fake news* distorcendo minhas ideias e posicionamentos sobre temas sensíveis – como aborto, drogas ou uniões homoafetivas – para aquele público específico. Até chegarem as eleições, como diz a velha expressão popular, minha cama já estaria feita.

Na campanha eleitoral, esse embate silencioso explodiu. Foram vários enfrentamentos e ataques nas ruas e nas redes digitais. O curioso é que os apoiadores de Bolsonaro não se furtavam a plagiar ou simplesmente se apropriar das peças publicitárias de minha campanha. O que lhes interessava, divulgavam trocando meu nome e número pelos dele. Ainda durante o período eleitoral, entramos com uma série de ações contra a campanha de Jair Bolsonaro, inclusive uma Ação de Investigação Judicial (AIJE) pelo sequestro de uma página de redes sociais de um movimento feminista. Até a conclusão deste artigo, o Tribunal Superior Eleitoral (TSE) ainda não havia julgado tal ação. Parlamentares da Rede que acompanham uma Comissão Parlamentar de Inquérito (CPI) que investiga os mecanismos de *fake news* e seus responsáveis, principalmente a rota do dinheiro que os financia, relatam a enorme quantidade de crimes no âmbito daquela

160 | *Fake news*: a velha nova realidade

campanha. O que foi denunciado é uma pequeníssima parcela do que ocorreu e, o que é mais assustador, continua ocorrendo.

É claro que devemos continuar exigindo investigação e julgamento desses crimes na Justiça e no Congresso Nacional. Não devemos permitir que se percam as instituições e os poderes fundamentais do regime democrático e devemos lutar pela reparação de quem foi agredido e pela punição de quem agrediu. Isso nos ajudará a estabelecer uma ética – ainda que básica – no debate público. Mas sabemos que nada é tão simples; depois de aberta a caixa de Pandora, é difícil recolher seu terrível conteúdo.

Por isso, enquanto lutamos, vamos ter que aprender a nos mover numa realidade modificada ou, ao menos, digitalmente manipulada. Como disse, o uso das *fake news* não é novo, apesar de ter ganho maior dimensão e novos contornos com as ferramentas digitais. Alguns pensadores dizem que se trata de uma forma de perturbação da realidade e supressão da noção de verdade, criando as condições para confundir milhões de pessoas e controlar as grandes decisões coletivas. A replicação dos apoiadores evidencia que a base para a formação dessa nova era da "pós-verdade" são a velha ignorância e os antigos preconceitos estruturais, como o machismo, o racismo, a xenofobia, entre outros. O sistema político é a porta da frente, mas existem muitas entradas para a invasão do que Deleuze e Guattari chamavam de "microfascismos".

Segundo o professor Yascha Mounk, no livro *O povo contra a democracia*,[5] o sistema democrático sempre foi um sistema de

---

5. Yascha Mounk. *O povo contra a democracia: por que nossa liberdade corre perigo e como salvá-la*. São Paulo: Companhia das Letras, 2019.

controle de uma minoria monoétnica sobre o todo da população. Em geral, homens, brancos e heterossexuais, assumiram os cargos mais importantes. Há alguns anos o pluralismo político tem se ampliado, e grupos, inclusive majoritários, como mulheres e negros, vêm assumindo protagonismo importante. Esse fato assusta o *status quo*, que reage de muitas maneiras. É um momento difícil em que uma minoria estrebucha com diferentes ferramentas, on e offline.

No Brasil, é preciso se esforçar para perceber algo além do mal-estar que nos dominava e que se agravou com a pandemia de 2020. Franco Berardi, em seu instigante ensaio de título paradoxal, *Depois do futuro*,[6] fala de um mundo que transita da concatenação conjuntiva para a concatenação conectiva, alertando para as implicações disso em nossa forma de viver e pensar. Na política brasileira, dominada pelo lado sombrio da força, a visão conjuntiva nos dá a velha imagem do político cheio de "tiradas", atento às oportunidades de disparar primeiro para alcançar ou eliminar seus alvos. Numa visão política conectiva, aqui também sob o mesmo sombrio domínio, a imagem seria de um político pródigo em "digitadas", esperto para lacrar, dar a última palavra, aniquilar, cancelar. Nosso trânsito para o futuro tem sido atravancado pelo populismo autoritário, que, analógico ou digital, à direita ou à esquerda, sempre tenta "engarrafar" a democracia.

Há, porém, uma evolução. Ela passa por momentos difíceis, mas não se interrompe. Em meu ativismo socioambiental e em minha trajetória política, encontrei novas forças e protagonistas,

---

6. Franco Berardi. *Depois do futuro*. São Paulo: Ubu, 2019.

162 | *Fake news*: a velha nova realidade

um novo sujeito político que chamo de "ativismo autoral", para ressaltar sua independência em relação a estruturas centralizadoras. E tenho compreendido, cada vez mais, a necessidade de encontrarmos novas formas de ação política que sejam capazes de criar o que chamo de "aplicativos para democratizar a democracia". Ainda penso que a oposição ao autoritarismo é o pluralismo democrático. Mas, se as formas de um mudam, as do outro também devem evoluir para dar conta das novas situações.

Há esperanças que vêm de vários lugares do mundo, mas principalmente do nosso próprio país. No mesmo ano sofrido de 2020, a campanha de Manuela d'Ávila, em Porto Alegre e a de Guilherme Boulos, em São Paulo, abriram janelas para a entrada de novos ares no ambiente político brasileiro, desenvolvendo formas criativas de enfrentar a máquina do ódio. Sofreram novos ataques, que vieram se sobrepor aos que já tinham sofrido antes, mas conseguiram manter firme a disposição de não utilizar as mesmas ferramentas. Buscaram na arte a inspiração que envolveu e mobilizou milhares de pessoas.

No início de cada uma das minhas campanhas para presidente, desde a primeira, em 2010, sempre assumi publicamente – e conclamei os demais candidatos a assumirem – o compromisso de não caluniar os adversários e de não estimular que apoiadores e militantes atacassem reputações ou tentassem aniquilar biografias. Sempre repito, inspirada no apóstolo Paulo (1Cor. 6.7): é melhor sofrer a injustiça que praticá-la. Agora vejo uma nova geração de lideranças dispostas a fazer da política um serviço e não uma guerra em que tudo é permitido para chegar ao poder. Isso dá vigor ao corpo, asas para os sonhos, leveza para a alma e traz a sensação de que valeu e valerá a pena sustentar o bom combate.

Espero que meu relato possa fazer pensar sobre uma palavra que para os ambientalistas é muito importante: resiliência. Tenho procurado ser persistente na defesa de uma democracia que permanentemente se democratize, que se desdobre no estabelecimento de procedimentos éticos para o debate público e na esperançosa promessa de um mundo melhor. Na certeza de que o futuro será criado por todos, em vez da ilusão de que os pais e mães da pátria nos oferecerão um destino, como nos alerta o psicanalista argentino Ricardo Goldenberg, em seu livro *Política e psicanálise*.[7] E quero encerrar, após a nota de esperança do parágrafo anterior, com um apelo a todos os que também prezam os ideais de igualdade, liberdade e fraternidade: escapemos das armadilhas das polarizações e caracterizações automáticas de aliados *versus* inimigos.

Penso que duas atitudes simples podem nos ajudam a manter a lucidez nestes tempos confusos. Uma é a sincera disposição para ouvir sem prejulgamentos. A outra é o respeito amoroso pelas diferenças. Devemos, é claro, salvaguardar a necessária indignação em face da "banalização do mal" e protestar contra qualquer conivência com o uso do poder dos fortes sobre o desamparo dos vulneráveis. Mas, entre iguais, deve reinar a igualdade. E, se a explicitação das discordâncias nos levar a gritar com as faces crispadas ou a nos alegrar com a desgraça alheia,

---

7. Ricardo Goldenberg. *Política e psicanálise*. Rio de Janeiro: Zahar, 2006.

164 | *Fake news*: a velha nova realidade

teremos sido contaminados pelo vírus do autoritarismo que buscamos erradicar. É bom que fiquemos atentos ao argueiro em nosso próprio olho.

No mais, repito para mim mesma e dedico a todas as pessoas, a fim de que lutemos juntos por uma sociedade justa, próspera, diversa, democrática e ambientalmente sustentável, a antiga bênção de minha avó: Deus nos dê inteligência para o bem.

12. MULHERES-ÁGUA, MULHERES-TERRA, MULHERES-SEMENTE: RESISTÊNCIA VIVA!

Sonia Guajajara

Sonia Guajajara é formada em Letras e Enfermagem e pós-graduada em Educação Especial. Ganhou projeção internacional pela luta travada em nome dos direitos dos povos originários. Tem voz no Conselho de Direitos Humanos da ONU e desde 2009 leva denúncias às Conferências Mundiais do Clima (COP). Recebeu o Prêmio Ordem do Mérito Cultural, a Medalha 18 de Janeiro e a Medalha Honra ao Mérito do governo do estado do Maranhão. Recebeu da organização Movimento Humanos Direitos o Prêmio João Canuto pelos Direitos Humanos da Amazônia e da Liberdade, além do Prêmio Packard, concedido pela Comissão Mundial de áreas protegidas da União Internacional para Conservação da Natureza. Em 2018, foi a primeira indígena a compor uma chapa presidencial e segue articulando a participação e o protagonismo das mulheres indígenas em várias frentes de luta. Hoje faz parte da Coordenação Executiva da Articulação dos Povos Indígenas do Brasil (Apib) e compõe o Conselho da Iniciativa Inter-Religiosa pelas Florestas Tropicais do Brasil.

Ser mulher de um povo originário da maior floresta tropical do planeta, a Amazônia, determinou a minha vida e a minha história de luta. Nós, povos indígenas, sofremos conflitos e ataques há mais de cinco séculos, desde o início da colonização do nosso

166 | Mulheres-água, mulheres-terra...

território, da nossa mentes e do nosso corpo. E, por isso, vivemos em constante luta pelo direito fundamental de existir.

Quando os colonizadores invadiram nosso território, nós, indígenas, éramos castigados por falar as nossas línguas e obrigados a fazer trabalhos forçados – aquele que teimasse e falasse seu idioma, quando não era morto, tinha sua língua cortada. Nosso povo foi sendo dizimado ao longo dos séculos.

Durante a ditadura, também os militares se esforçaram bastante para nos aniquilar. Não só nosso corpo como nossa alma, nosso ecossistema e nossa cultura. Insistindo em nos vestir com roupas que não eram nossas; ensinando as mulheres a costurar e os homens a plantar; impondo uma divisão sexual e étnica/racial do trabalho. A intenção subliminar era a convicção de que os "índios" precisavam ser "úteis" para a nação.

Há menos de quarenta anos, não podíamos sair das nossas aldeias, nossas casas, sem pedir autorização da Fundação Nacional do Índio (Funai). Nós éramos tutelados. Por lei, éramos proibidos de ir e vir.

A Constituição de 1988 trouxe avanços democráticos. Afastou o entulho autoritário militar. Trouxe a esperança de direitos coletivos, territoriais e culturais. Esperança, sim, mas não o descanso da luta. Aos poucos, estamos vendo as estratégias de dominação do nosso corpo e da nossa forma de vida ressurgirem. Militares voltam a ocupar os postos de governo, reavivando as práticas da ditadura e do colonialismo. Se em determinado período o discurso de subjugação era revestido numa falácia de inclusão, hoje ele se escancara e se apresenta com a "face do ódio". Um ódio que se irradia em quase toda a sociedade.

Por ousarmos falar, por lançarmos a nossa voz e por pensarmos, recebemos como resposta a cerca, a prisão e as balas. É assim que estamos sendo inseridos na sociedade. Não podemos reagir, pois somos criminalizados e silenciados. Quem pensa e aplica outro modelo de desenvolvimento é criminalizado e excluído – quando não assassinado.

Criminalizar é uma forma de tentar calar, de buscar seu ponto fraco para intimidar. É um artifício para tirar sua coragem, sua força e, principalmente, sua motivação. E, se você perde a motivação, vai parando os processos de articulação e de mobilização.

Outro aspecto da criminalização é a perseguição. Pessoas passam a observar e a controlar você. Há ainda a estratégia de imputação de um crime que, para além de prender e de ameaçar, representa retirar de você todas as suas armas de luta.

Nós, mulheres indígenas, resistimos a todas as formas de opressão porque somos como água: sempre encontramos novos caminhos – mesmo que muitas se percam, presas nos rochedos ou levadas pelas correntezas para sempre.

Eu nunca fui legalmente criminalizada. Contudo, pela perspectiva mais ampla da criminalização, passo por muitas situações. Cotidianamente, sou obrigada a responder a *posts* racistas na internet, comentários que insistem em me desencorajar e me deslegitimar no que sou e no que faço: "É índia Nutella", "É índia *hightech*", "Não é índia de verdade". Nunca, entretanto, questionaram se a história predominante da colonização era de mentira.

As primeiras tentativas de me silenciar começaram quando ainda estava no processo de organização e de fortalecimento do movi-

168 | Mulheres-água, mulheres-terra...

mento indígena no Maranhão. Superei essas agressões e articulei a mobilização para a fundação da Coordenação das Organizações e Articulações dos Povos Indígenas do Maranhão (Coapima). Realizamos a assembleia e fui eleita para compor a coordenação executiva, tornando-me coordenadora secretária por dois mandatos consecutivos (de três anos cada), o único cargo reservado às mulheres.

Quando assumi a frente da Coordenação das Organizações Indígenas da Amazônia Brasileira (Coiab) e começamos a fortalecer e a organizar o enfrentamento à construção da hidrelétrica de Belo Monte, fomos acusados de ser "contra o desenvolvimento". Fomos perseguidos e caluniados: "Querem Hilux, geladeira, mas não querem hidrelétrica."

Esse discurso também não era novo. Durante a ditadura militar, as violências praticadas contra indígenas estavam associadas à política desenvolvimentista. Nosso território era colonizado para a implementação do projeto político e econômico capitalista sob a justificativa da integração e da segurança nacional.

No período em que estive na Coiab, comecei a discutir sobre as mudanças climáticas e a alertar para as suas consequências. Na busca por dinheiro, os homens destroem as florestas, os animais e a vida humana, provocando uma crise civilizatória que é climática, social, ambiental, alimentar e humanitária.

Em 2013, iniciei o meu primeiro mandato na coordenação da Articulação dos Povos Indígenas do Brasil (Apib). Nossa principal atuação era no Congresso Nacional, cada vez mais conservador, com suas tentativas de aprovar leis contra os nossos direitos. Nessa época vieram novos ataques, mais uma vez buscando me paralisar e me silenciar: "É índia de Brasília."

A partir do golpe de Estado em 2016 – liderado por Michel Temer (vice-presidente da República) e Eduardo Cunha (presidente da Câmara dos Deputados) –, fortalecidos pela chegada de Bolsonaro ao comando do país, o governo e a bancada ruralista começaram a investir em estratégias para provocar o confronto entre indígenas, tentando nos dividir para acabar com os processos de resistência. Houve o resgate dos discursos do integracionismo e das práticas da ditadura, procurando construir a ideia de que o movimento está dividido a fim de atrair indígenas para apoiar o seu projeto.

Com o processo de internacionalização das lutas indígenas, vieram novos ataques – "Querem se dar bem, viajar, ganhar dinheiro" – para fragilizar nossas ideias e concepções. Essas afrontas não tiram a força do movimento, mas podem abalar nossa condição psicológica. A grande razão dessas agressões é o fato de que nossos enfrentamentos questionam as estruturas da sociedade brasileira e os setores conservadores do poder político e econômico do país.

Durante a campanha presidencial, quando fui candidata pelo Psol à copresidência da República, em 2018, compondo um movimento/chapa/candidatura com Guilherme Boulos, líder do Movimento dos Trabalhadores Sem Teto (MTST), sofri vários ataques de *fake news*. Fui acusada de viver em mansão em condomínio e de ter carro de luxo, entre outras mentiras.

Escreveram matérias tentando argumentar que eu não era indígena, uma vez que o nome "Guajajara" não consta no meu documento oficial. Tentaram também me caracterizar como traficante. Com essa intenção, em várias entrevistas me perguntavam alguma coisa relacionada à maconha como droga. Eu sempre tratei essa planta como uma erva medicinal, pois é isso que ela significa para o meu povo: uma erva, como o alecrim-do-campo, com poder de cura muito grande.

Associo esses ataques a três fatores: a criminalização, o racismo e o machismo. Por ser uma mulher indígena amazônica e nordestina, eu estava subvertendo um lugar que me fora determinado na história. A minha militância nasce do meu ser, esta mulher indígena que nunca temeu nenhum desafio e que sempre teve orgulho de suas raízes. Portanto, enfrentar todos esses ataques era somente uma questão de tempo.

A candidatura à copresidência em 2018 foi uma resposta do movimento indígena ao sistema político tradicional. E eu assumi um risco pessoal num contexto de ódio, por acreditar que nós, os povos originários, mulheres indígenas, precisamos estar nesse lugar de decisão política para repensarmos esses espaços a partir das nossas perspectivas e assegurar nossos direitos. A política é a ciência de governar. E somos mulheres-ciência, somos mulheres-guias, nós temos a capacidade de escutar a terra, os biomas.

Há uma campanha de ódio em curso no Brasil. Pensamentos racistas que levam ao ódio contra os indígenas nunca foram superados; pelo contrário, hoje crescem na sociedade. Nunca deixaram de existir, mas agora se acentuam ainda mais – na internet, nas rádios, nos jornais – porque têm autorização até mesmo do governo.

A legitimidade do próprio Estado brasileiro alimenta uma campanha de ódio contra os indígenas. Esse discurso, presente inclusive em canais oficiais, tem servido para negar a nós, indígenas, o direito à terra, o direito à saúde, o direito à educação. E pior, mais do que isso, é negar nosso modo de viver, de estar no mundo, de cuidar da mãe terra.

Pessoas nos dizem que se ocuparmos espaços institucionais deixaremos de ser indígenas. Essa é, em síntese, a violência imposta pelos colonizadores: colonizadores de nossas dores, que colonizam corpos, mentes, terra e sementes. Colonizadores têm medo de nossa potência, de nossa força, porque somos mulheres-água, mulheres-terra. Se temos sabedoria da terra, temos sabedoria para enfrentar qualquer tempestade.

O nosso modo de habitar, o nosso modo de viver e de cuidar da terra, pode salvar o planeta, mas é visto como uma ameaça. Isso é muito controverso. Nós estamos oferecendo apoio, disponibilidade para cuidar da vida de todo mundo, e ainda assim somos vistos como uma ameaça?

Nós, indígenas, queremos, sim, prosperar, mas não no sentido de produzir grãos para servir como ração para porcos na Europa. Nós queremos prosperar com a valorização das nossas iniciativas, do nosso modo de vida. Prosperar valorizando a sustentabilidade, valorizando o que a gente já faz. Por que o agronegócio tem subsídios, mas a agricultura familiar não tem? Por que as agriculturas indígena e quilombola não são subsidiadas como o agronegócio?

É fácil aceitar nossos cocares, danças, festas, pulseiras e colares. Isso todo mundo consente, acha bonito. Não queremos que aceitem apenas nossas danças e pinturas. Queremos que aceitem e respeitem a nossa voz e a presença de nosso corpo. O nosso modo de nos relacionarmos com a terra é também cultura. As pessoas

172 | Mulheres-água, mulheres-terra...

não entendem isso. Todo o nosso modo de ser faz parte da nossa cultura, mas nossas terras são vistas como improdutivas. Os poderes econômicos e políticos situam a terra como objeto de disputa. E por isso nós somos ameaçados, quando não mortos.

A Constituição que assegura nossos direitos territoriais e culturais nos garante também o direito de ir e vir. Nós ajudamos a construir essa Constituição. Tivemos indígenas como Dona Quitéria, Álvaro Tukano, Raoni e várias outras lideranças tecendo o reconhecimento das formas de organização social de cada povo e dos seus direitos territoriais. Apesar disso, as ideias e concepções que nos excluíram sempre estiveram presentes. Não acabaram e hoje se fortalecem.

Na prática, é a negação do direito coletivo pelo direito individual. É a afirmação da ideia de propriedade privada opondo-se à noção de território coletivo e sob a natureza. Em última instância, é a imposição da concepção de indivíduo sobre a natureza. Tudo o mais que estiver fora disso é ameaçado, criminalizado, excluído.

Nosso país não tolera a diferença, não tolera indígena, não tolera negro, não tolera pobre, não tolera pessoas da comunidade LGBTQIA+. É um país da intolerância, da impunidade. Quem não é tolerado é morto, porque o assassino tem certeza da impunidade.

As lutas que travamos hoje – indígenas, quilombolas, MTST e outros – abalam as estruturas do Estado capitalista, articulando a resistência contra a dominação, a exploração e o controle sobre os corpos e suas concepções. São lutas que se fortalecem umas com as outras e mexem com os poderes políticos e econômicos.

Para romper com essa realidade, nós temos que derrotar essa estrutura de Estado e o racismo estrutural. O racismo existe contra o preto e contra o indígena, resultando em exclusão e violência. Mas nós resistimos. Fazemos a nossa própria autodemarcação: elegendo nossos representantes indígenas, demarcando nossas cadeiras no parlamento e formando nossos próprios especialistas acadêmicos e tradicionais.

Não posso deixar de registrar aqui o que representou o ano de 2020 para nós, povos indígenas. O quanto essa pandemia escancarou a desigualdade, a exclusão, o racismo e a violência contra nós.

O ano de 2020 começou para os não indígenas como uma novidade, porém, para nós, é uma velha conhecida: pandemia! Não é de hoje que nossa existência é dizimada por ameaças virulentas. Os anciãos de todos os povos, mesmo daqueles que já possuem longas histórias de contato com a sociedade não indígena, narram episódios a respeito das inúmeras doenças letais trazidas, pelos colonizadores, ao nosso convívio.

Sabíamos que não seria um ano fácil. Muitos de nós se fecharam nas aldeias. Outros se refugiaram na mata. E muitos nem território tinham para buscar o refúgio. Ficariam totalmente à margem dos serviços públicos de saúde, os quais tantas vezes não dispõem de água para beber ou sequer para lavar as mãos, conforme uma das principais recomendações dos órgãos de saúde pública nacionais e internacionais no combate ao novo coronavírus. Foi nesse momento que resgatamos as nossas práticas seculares de uso das medicinas tradicionais no combate às epidemias.

Com o novo coronavírus, os não indígenas passaram a experimentar o potencial de destruição que, por inúmeras vezes, dizimou nossos povos e reduziu culturas.

174 | Mulheres-água, mulheres-terra...

Nós respondemos a essa pandemia com todas as forças, assumindo, inclusive, o papel do Estado em ações de enfrentamento e monitoramento contra a covid-19. Em razão das nossas denúncias sobre as omissões do Estado e sua estratégia institucional de propagação do coronavírus, veio, novamente, a mão pesada do governo sobre nós.

O ministro do Gabinete de Segurança Institucional (GSI) caluniou a Apib e a mim, diretamente, pelas redes sociais.[1] Por fim, o governo publicou a Resolução n. 4, de 22 de janeiro de 2021/MJSP/Funai, para dizer quem é indígena neste país, reeditando as antigas estratégias coloniais de tutela e etnocídio.

Todos os dias nos dizem que lugar de indígena é na aldeia, é no território. Ao mesmo tempo, contudo, estão arquitetando, dia e noite, o sequestro de nossa morada coletiva, de nossa identidade.

Não conseguiram calar a voz de nossas ancestrais. Não conseguiram nos matar: nós, que somos mulheres-semente, pois somos mulheres-broto, mulheres do brotar da resistência.

O Brasil é um projeto de democracia. A humanidade, a Terra não existirão sem os povos indígenas. Então, nunca mais este país vai existir sem nós.

---

1. "A administração da organização é de brasileiros, filiados a partidos de esquerda. A Emergency APIB é presidida pela indígena Sônia Guajajara, militante do PSOL e ligada ao ator Leonardo Di Caprio, crítico ferrenho do nosso país." E "O site da Abip se associa a diversos outros, que tb trabalham 24 horas por dia para manchar a nossa imagem no exterior, em um crime de lesa-pátria". Tweets feitos pelo General Heleno em 18 set. 2020. Disponível em: <www.twitter.com/gen_heleno/status/1307038963555860484>. Acesso em: 24 fev. 2022.

13. NÃO NOS CALARÃO

Tabata Amaral

Tabata Amaral cresceu na Vila Missionária, na periferia de São Paulo. No ensino médio, representou o Brasil em cinco olimpíadas internacionais de Ciências. Formou-se em Ciência Política e Astrofísica pela Universidade de Harvard, nos Estados Unidos. É ativista pela educação, colunista da *Folha de S.Paulo* e cofundadora do Projeto VOA! e dos movimentos Mapa Educação, Acredito e Vamos Juntas. Em 2018, aos 24 anos, foi a sexta deputada federal mais votada de São Paulo e a segunda mulher mais votada do Brasil. Em seu primeiro ano de mandato, recebeu o Prêmio Congresso em Foco de melhor deputada. Foi eleita também uma das cem jovens lideranças que estão mudando o mundo pela *Time Magazine* e uma das cem mulheres mais influentes do mundo pela BBC.

"Em votação a redação final. Aqueles que forem pela aprovação permaneçam como se acham. Aprovado. A matéria vai ao Senado." Com essas palavras, a deputada Soraya Santos (PL/RJ), que então presidia a sessão, anunciou na Câmara dos Deputados a aprovação do meu relatório do Projeto de Lei n. 123/2019. Senti um misto de alegria e esperança, sentimentos reconfortantes ao final de um ano tão difícil.

O projeto, de autoria da deputada Renata Abreu (Podemos/SP), é um marco para o combate à violência contra a mulher. Ele prevê

176 | Não nos calarão

que pelo menos 5% dos recursos do Fundo Nacional de Segurança Pública devem ser destinados para ações de enfrentamento a esse tipo de violência. Afinal de contas, sem os recursos necessários, legislações e ações importantes de combate à violência de gênero não conseguem sair do papel.

Esse não foi o único motivo de celebração do dia, que marcou o término da Campanha de 21 Dias de Ativismo pelo Fim da Violência contra as Mulheres. Foram aprovados outros oito projetos, como: o que cria normas para combater a violência política de gênero; o que tipifica o crime de perseguição obsessiva, o famoso *stalking*; e o que torna crime a violência institucional – em resposta aos ataques sofridos por Mari Ferrer durante a audiência de julgamento de André de Camargo Aranha, acusado de estuprá-la.

Tais conquistas só ocorreram por causa do trabalho conjunto e aguerrido da nossa bancada feminina, que, somente em 2020, aprovou 26 projetos. Apesar do número recorde de 77 deputadas federais eleitas em 2018, nós ocupamos somente 15% da Câmara dos Deputados. Ou seja, ainda temos um longo caminho pela frente, mas já estamos mostrando que pesquisadores mundo afora têm razão quando apontam para a importância de elegermos mais mulheres.

Os pesquisadores norte-americanos Eagly e Johnson concluíram, em 1990, que as mulheres trabalham de forma mais colaborativa e participativa.[1] Em 2009, Wängnerud comprovou

---

1. A. H. Eagly e B. T. Johnson. "Gender and leadership style: a meta-analysis". *In: Psychological Bulletin*, n. 108(2), 1990, pp. 233–256. Disponível em: <www.doi.org/10.1037/0033-2909.108.2.233>. Acesso em: 28 jan. 2022.

empiricamente que a maior participação feminina na política se traduz no avanço de pautas ligadas aos nossos direitos.[2]

Mas os efeitos extrapolam os interesses das mulheres. Em 2018, Bauhr, Charron e Wängnerud demonstraram que há também contribuições para a redução da corrupção.[3] Outro estudo publicado em 2020, que envolveu, entre outros, pesquisadores da Universidade Estadual de Campinas (Unicamp) e da Universidade Federal da Bahia (UFBA), mostrou que a presença de mais mulheres na política leva a uma redução da mortalidade infantil.[4]

É por essas e muitas outras razões que eu acredito que a luta por uma democracia mais representativa e por um país mais justo passa, necessariamente, por uma maior participação feminina na política. Contudo, há uma série de barreiras que ainda impedem que as mulheres ocupem, de fato, esse lugar. Quando temos a coragem de nos candidatarmos, ainda precisamos dar passos gigantescos para ultrapassarmos os obstáculos de uma sociedade em que o machismo estrutural impera. E esses desafios não de-

---

2. Lena Wängnerud. "Women in parliaments: descriptive and substantive representation". *In: Annual Review of Political Science* vol. 12, jun. 2009, pp. 51-69. Disponível em: <www./doi.org/10.1146/annurev.polisci.11.053106.123839>. Acesso em: 28 jan. 2022.
3. Lena Wängnerud, Monica Bauhr e Nicholas Charron. "Exclusion or interests? Why females in elected office reduce petty and grand corruption". *In: European Journal of Political Research* vol. 58(4), jul. 2018, pp. 1043-1065. Disponível em: <www.doi.org/10.1111/1475-6765.12300>. Acesso em: 28 jan. 2022.
4. Philipp Hessel, María José González Jaramillo *et alii*. "Increases in women's political representation associated with reductions in child mortality in Brazil". *In: Health Affairs* vol. 93(7), jul. 2020. Disponível em: <wwww.doi.org/10.1377/hlthaff.2019.01125>. Acesso em: 28 jan. 2022.

178 | Não nos calarão

saparecem quando nos elegemos. Pelo contrário: muitas vezes se tornam ainda maiores.

Acredito que um importante passo para superarmos esses obstáculos é compartilharmos as experiências de quem caminhou e caminha essa tortuosa, mas importante, jornada. As violências que enfrentamos, infelizmente, são similares. É por isso que trago aqui um pouco da minha trajetória, começando por algumas das mulheres da minha família.

A minha avó materna, Elza, era uma mulher muito inteligente e dedicada aos estudos. No entanto, seguindo as ordens do pai, abandonou seus sonhos e se casou com o meu avô, Trajano. Com uma vida marcada por humilhações e traições, ela criou os sete filhos que ele havia tido em seu primeiro casamento, além dos doze que tiveram juntos.

A última a nascer foi minha mãe, Maria Renilda Amaral Pires, que, assim como os irmãos, foi criada em Iaçu, na Bahia. Ainda adolescente, ela decidiu migrar para São Paulo em busca de uma vida melhor, sem saber naquela época das dificuldades que enfrentaria. Por dois anos minha mãe morou na casa de uma senhora, que não só a obrigava a lhe entregar todo o seu salário como vendedora como a fazia de empregada doméstica. Na escola, as coisas tampouco eram fáceis. Como começou a estudar tarde, minha mãe entrou na quinta série já com dezessete anos e sofria muito preconceito pelo seu sotaque nordestino.

Ao engravidar de mim, antes que pudesse concluir o ensino médio, ela não pôde contar com nenhum tipo de apoio, nem do meu pai biológico nem dos irmãos com quem morava. Foi quando, com três meses de gravidez, ela conheceu Olionaldo Francisco de Pontes, que, por escolha, se tornaria o meu pai.

Foi só recentemente que eu descobri que minha avó paterna, Lisete, professora de português em Itabaiana, na Paraíba, também teve sua vida marcada por abandonos e violência doméstica, assim como pelo preconceito e pelo estigma que até hoje acompanham aqueles em sofrimento mental. Como resultado, meu pai teve uma infância muito dura, e, quando conheceu minha mãe, já era dependente químico. Isso, ligado a desempregos constantes, fez com que seus primeiros anos juntos fossem muito duros. Lembro-me dos choros da minha mãe e do medo de não saber em que estado meu pai voltaria para casa. Com aproximadamente sete anos, aprendi a bordar e comecei a ajudar a minha mãe com os trabalhos que ela vendia, assim como com os afazeres domésticos.

Por muito tempo esse foi o meu mundo, e as palavras "faculdade" ou "profissão" sequer passavam pela minha cabeça. Quanto menores são os horizontes e as oportunidades reais que temos, mais limitados são os nossos sonhos. Foi só por meio da educação que eu pude começar a escrever um futuro diferente para mim.

Contrariando as expectativas que colocam sobre crianças periféricas, eu sempre fui fissurada nos estudos, a ponto de muitas vezes ler escondido da minha mãe. A primeira grande oportunidade que tive foi com a 1ª Olimpíada Brasileira de Matemática das Escolas Públicas (Obmep), enquanto fazia a quinta série em uma escola estadual de São Paulo. A medalha de prata na olimpíada fez com que eu ganhasse um curso de Matemática no

Colégio Etapa, uma escola privada de renome. Daí veio uma bolsa para estudar lá, o que, depois de muitos anos, culminou em uma bolsa integral para que eu pudesse fazer a minha graduação em Harvard, nos Estados Unidos.

Infelizmente, a minha trajetória é uma exceção à regra. Perdi meu pai para as drogas e vi muitas outras pessoas perderem a vida para o crime e para a violência. Vi também jovens talentosos e esforçados desistirem da educação e dos seus sonhos porque não tiveram oportunidades. Se tem uma coisa que eu aprendi ao longo desses últimos anos é que, em um país tão desigual como o nosso, é mentiroso dizermos que "quem quer consegue". Eu tive oportunidades que muitas pessoas ao meu redor não sabiam que existiam, e, quando essas oportunidades chegaram, batalhei muito mais do que aqueles que, por exemplo, podiam apenas estudar, enquanto eu sempre tive que trabalhar. O fato de eu ser mulher também sempre pesou. Representei o Brasil em cinco competições internacionais de Ciências. Em todas elas, fui a única mulher dentre os quatro ou cinco estudantes que compunham a delegação brasileira. Quando tentaram me fazer acreditar que meninas não gostavam de Ciências, o machismo vinha disfarçado de piadas. Eu tinha que me provar o tempo inteiro, e demorou para eu entender que, na verdade, queriam que acreditássemos que ali não era o nosso lugar.

Quanto mais eu ocupava espaços de destaque, mais forte era a violência que enfrentava. Poucos meses após criarmos o Acredito, movimento de renovação política, fui vítima pela primeira vez de ataques coordenados nas redes sociais. As *fake news* eram leves se comparadas às que enfrento hoje, mas me machucaram e me fizeram questionar o caminho que estava trilhando. Começou ali algo que se tornou recorrente cada vez que se incomodam com o lugar que ocupo: uma combinação de mentiras esdrúxulas, que têm como objetivo desconstruir a minha trajetória, com ataques voltados ao meu corpo e à minha aparência.

Depois de muita hesitação, quando finalmente decidi concorrer ao cargo de deputada federal, não recebi de imediato o apoio da minha mãe e do meu irmão, que tinham medo de que os ataques piorassem. Infelizmente eles tinham razão. Na campanha, as piadas machistas e os assédios eram constantes. Pessoas chegaram a me perguntar se eu era mesmo candidata. Duvidaram de que eu teria força para "bater na mesa" – sim, utilizaram essa expressão porque a ideia de força física ainda é atrelada à adoção de uma posição firme – e questionaram minha capacidade e minha inteligência.

A relação com o partido tampouco foi fácil. Em uma planilha com os nomes de todos os candidatos, o meu aparecia no final da lista com uma expectativa de cinco mil votos e com um "blogueira" no campo da profissão, apesar de eu nunca ter tido um *blog*. Mesmo com reuniões regulares para convencer os dirigentes partidários de que eu tinha, sim, chances de ser eleita, só recebi recursos do partido após uma intervenção de Ciro Gomes, que na época concorria à Presidência. Contudo, o valor que recebi ainda era muito menor do que o que fora destinado a diversos candidatos homens em São Paulo, mesmo com a definição do Tribunal Superior Eleitoral (TSE) de que ao menos

182 | Não nos calarão

30% dos recursos do fundo eleitoral devem ser destinados para candidaturas femininas.

Em outubro de 2018, fui eleita com 264.450 votos, a única deputada federal por São Paulo pelo PDT, com a sexta melhor votação de todo o estado. Fiz uma campanha honesta, bonita e construída a muitas mãos, com uma equipe formada majoritariamente por mulheres e com mais de cinco mil voluntários espalhados pelo estado.

Atuar como deputada federal é, de longe, a coisa mais difícil que já fiz na minha vida, mas não há um dia em que eu não pense que estou exatamente onde queria estar, porque é na política que nós temos chances concretas de mudarmos a nossa realidade. Apesar disso, são muitas as violências que preciso enfrentar, ciente de que todas elas têm o objetivo de me calar.

Os obstáculos começam com algo que deveria ser simples, que é a minha entrada física nos prédios da Câmara. Após mais da metade do meu mandato, ainda é comum que os seguranças questionem se sou mesmo deputada, demonstrando todo tipo de reação quando respondo que sim.

O que mais me incomoda, no entanto, é saber que minhas ideias nunca serão avaliadas do mesmo jeito. Um posicionamento divergente incomoda, e isso faz parte do jogo político. O que questiono, no entanto, é o quanto esse posicionamento se torna intolerável quando vindo de uma mulher jovem. As insinuações, mentiras, ataques e ameaças, envolvendo, inclusive, minha aparência e vida pessoal, apenas existem porque algumas pessoas ainda acreditam que, por meio da violência, conseguirão me calar.

Um dos maiores exemplos foi o que enfrentei depois da votação da Reforma da Previdência. Independentemente de concordarem ou não com as considerações que levaram ao meu voto, nada, além do incômodo causado pela discordância de uma mulher mais jovem, justifica que, dentre 379 votos favoráveis à proposta, sendo que 18 vieram de partidos da oposição, eu tenha sido escolhida como bode expiatório por homens que, de maneira covarde, não pouparam esforços para me atacar.

Nenhum dos deputados homens foi acusado de ter votado por ordens de alguém. Já eu supostamente fui a vida inteira financiada por um grande empresário e por isso era mandada por ele. Fosse Jorge Paulo Lemann, George Soros ou Ciro Gomes, alguém teria que estar controlando a cabeça de uma mulher jovem como eu, já que sozinha ela não seria capaz de se posicionar com independência e inteligência.

A maioria dos ataques que recebo chega pelas redes sociais, que há tempos se tornaram lugares tóxicos. Na época da votação da Reforma da Previdência, inclusive, poucos comentários tinham conteúdo político. A maioria das "críticas" era composta apenas por xingamentos. Uma pesquisa realizada pela minha equipe em 2020, no Facebook, Instagram e Twitter, buscou os cinquenta termos machistas mais utilizados para se referir a mim. Em somente cinco dias, "carinha" foi usado 1.767 vezes, seguido de "meiga", "teleguiada", "mocinha", "diabólica", "bonitinha" e "precisa de homem". Chamaram-me de "puta" 117 vezes. Infelizmente, não surpreende que um estudo da Plan International em 22 países tenha mostrado que 77% das meninas no

184 | Não nos calarão

Brasil já foram assediadas no meio online, número maior do que a média nas outras nações, de 58%.[5]

Outro momento em que me surpreendi com a violência que domina as relações de gênero na política foi quando apresentei um projeto de lei que prevê a distribuição gratuita de absorventes em espaços públicos. Temos mulheres em situação de vulnerabilidade que deixam de ir à escola e ao trabalho por causa da pobreza menstrual. Elas utilizam folhas de jornal e miolo de pão como absorventes, mas a única coisa que parecia importar era que eu havia tocado em um tema que ainda é tabu, e isso as pessoas não perdoariam. Disseram que queríamos dar uma "bolsa pererca", que ninguém era obrigado a bancar absorvente "para fêmea" e que daqui a pouco defenderíamos a distribuição de chocolate para combater a TPM.

A enxurrada de ofensas que se seguiu não veio apenas de anônimos nas redes sociais. Comentaristas renomados e políticos também as proferiram. A rede bolsonarista logo se articulou, e, entre comentários de "vai lavar louça", "marionete de globalistas", "isso é carência" e "pega os absorventes e manda pras tuas primas", havia também reações ofensivas e preconceituosas de parlamentares e membros do governo Bolsonaro, como foi o caso do ex-ministro da Educação Abraham Weintraub, que insinuou

---

5. Janaína Rodrigues e Beatriz Andreoli. "Oito a cada dez meninas e mulheres já foram assediadas pela internet, aponta levantamento", Portal G1, 16 de outubro de 2020. Disponível em: <www.g1.globo.com/sp/mogi-das-cruzes-suzano/noticia/2020/10/16/oito-a-cada-dez-meninas--e-mulheres-ja-foram-assediadas-pela-internet-aponta-levantamento.ghtml>. Acesso em: 28 jan. 2022.

que uma estatal deveria ser criada e sugeriu que ela se chamasse "Chicobras" ou "MenstruaBR".[6]

Não fossem suficientes todas essas formas de violência, devemos lidar ainda com assédios físicos. Enquanto escrevo este texto, cumpro dois anos de mandato e já fui assediada duas vezes por colegas. A primeira ocasião se deu logo após a eleição, quando outro parlamentar, que até então eu não conhecia, me abraçou com força e demorou para me soltar. A outra ocorreu em uma confraternização entre deputados, em que um deles me puxou, me abraçou e só me soltou depois que uma amiga interveio.

Infelizmente, sei que esses relatos não são casos isolados e também marcam a trajetória de muitas outras mulheres. Como mulheres, não ocupamos um único espaço sem que tenhamos que enfrentar o machismo. A nossa história continua sendo de luta incessante, e na política não é diferente.

Para continuar, penso e me inspiro em todas as mulheres que lutaram para que já não estivesse escrito que a política não é para nós, em todas aquelas que insistem em querer mudar o mundo e em todas as meninas que ainda virão. Porque, parafraseando Maya Angelou, "toda vez que uma mulher se defende, sem nem perceber que isso é possível, sem qualquer pretensão, ela defende todas as mulheres".

---

6. "A nova esquerda (colar de pérolas e financiada por monopolistas) quer gastar R$ 5 bilhões (elevando impostos) para fornecer 'gratuitamente' absorventes femininos. Como será o nome da nova estatal? CHICOBRÁS? MenstruaBR?". Tweet do então ministro da Educação Abraham Weintraub em 7 mar. 2020. Disponível em: <www.twitter.com/AbrahamWeint/status/1236300674918428673>. Acesso em: 24 fev. 2022.

14. ATÉ QUE TODO CORPO DE MULHER SEJA LIVRE

Talíria Petrone

> Talíria Petrone Soares nasceu em Niterói. É mulher negra, feminista, socialista, professora, graduada em História pela Universidade do Estado do Rio de Janeiro (Uerj) e mestre em Serviço Social e Desenvolvimento Social pela Universidade Federal Fluminense (UFF). Deu aula na favela da Maré, em São Gonçalo e em Niterói. Em 2010, filiou-se ao Psol. Na campanha por uma Niterói negra, feminista, LGBTQIA+ e popular, em 2016 foi eleita a vereadora de maior votação da cidade e, por mais de um ano, era a única mulher na Câmara Municipal. Em 2018, foi eleita deputada federal pelo Rio de Janeiro, com 107.317 votos – a nona mais votada do estado.

Peço, antes de tudo, licença para compartilhar experiências a partir de um texto despretensioso e pessoal. Neste caso, e em muitos outros, o pessoal é extremamente político. Era uma quarta-feira qualquer. O ano, 2018. Depois de mais um dia intenso e tenso no plenário da Câmara Municipal de Niterói, onde eu era vereadora, fui comemorar o aniversário de um grande amigo da Maré. Comíamos pizza, bebíamos cerveja, ríamos alto, brincávamos com as crianças. Estávamos felizes. Éramos felizes e não tínhamos ideia do que aquela noite nos reservava. A coincidência de estar com amigos da favela da Maré só deixa mais dolorosa a lembrança desse dia. Não tenho dúvida de que o aniversário do

188 | Até que todo corpo de mulher seja livre

Jonas nunca mais será como antes. Certamente, ele também não tem. Nesse dia, nessa quarta-feira, 14 de março de 2018, mataram uma mulher negra, lésbica, mãe, favelada da Maré. Uma mulher eleita. Mataram a vereadora Marielle Franco, eleita no Rio de Janeiro com mais de 45 mil votos. Mataram nossa amiga Mari. A esposa de Monica Benicio. Filha de seu Toinho e Dona Marinete. Irmã de Anielle e mãe de Luyara. Mataram minha companheira de luta, com quem eu dividia tantos desafios da ocupação da política institucional enquanto mulher negra. Mataram.

Naquele mesmo dia, eu havia conversado rapidamente com Marielle pelo WhatsApp. "Fala, negona. Vamos encontrar?", perguntava ela. Eu disse que estava enrolada, que não conseguiria atravessar a "poça" (é como chamamos a Baía de Guanabara, que liga o Rio de Janeiro, cidade de Mari, a Niterói, minha cidade). Conversamos mais um pouco, como todo dia, e nos despedimos. "Amanhã de manhã temos nossa reunião também. Falamos lá então", Mari disse. Assim terminou nosso papo no dia da execução política que a vitimou e matou também Anderson, seu motorista. O amanhã nunca chegou. Eu nunca mais vi Marielle. Nem no velório. Os tiros que a mataram acertaram seu rosto e o caixão não pôde ser aberto. O amanhã não chegou para Mari. O amanhã não chegou para nosso encontro. Quantas lutadoras tiveram, têm ou terão seu amanhã interrompido pela brutal violência política que assola nosso país?

A execução política de Marielle explicitou uma fraturada democracia brasileira, que nunca teve chance de se consolidar. Para quem achava que 1988 e a Constituição Cidadã enterraram as ideias da ditadura civil empresarial militar, desde 2016 a história vem mostrando (de forma mais aguda!) o contrário. Golpe institucional. Prisões políticas e ilegais. Execução de vereadora. Exílio de deputado gay. Exílio de intelectuais de esquerda. Torturas em presídios cada vez mais legitimadas. Jovens negros assassinados todos os dias por armas do Estado. Milícias dominando territórios e elegendo os seus. Crianças assassinadas por armas do Estado. Homens negros enforcados em supermercados.

A execução política de Marielle expressa um tempo duro da conjuntura. Expressa um Brasil que não queríamos mais ver. E, ainda que seja um fato drástico, não está isolado. Não é exceção, mas a triste revelação de um Brasil em que é perigoso fazer política enfrentando as elites. Especialmente para mulheres. É ainda mais duro para mulheres negras.

Escolhi 2018 para começar a falar sobre a violência política no Brasil porque, para mim, esse ano estabelece um novo marco com a trágica execução de Marielle. Mas essa execução não existe apartada de uma realidade brutalmente violenta. Historicamente violenta. A violência política de raça e de gênero por aqui se inicia antes mesmo de existir o que hoje chamamos de Brasil. Ela começou com a invasão portuguesa, se construiu com pilhas de corpos indígenas, com o sequestro, a expatriação e a tortura de milhares de corpos de pessoas do continente africano e fundou o Estado brasileiro.

Se é fato que há uma elite – branca, rica, proprietária de terra, masculina, hétero cisnormativa, fundamentalista – que desde os tempos coloniais ocupa majoritariamente o poder no Brasil, explorando nossa classe, é também notório que qualquer corpo que ouse enfrentá-la não é bem-vindo no jogo da política institucional. Quando, por exemplo, nós, mulheres negras, ocupamos esse espaço com esse propósito, assustamos os que historicamente o dominam. Política não é entendida como lugar de mulher, porque poder não é para mulher. Mulher não pode. Porque o espaço público não é para mulher. O lar e o cuidado são reservados para nós. Quando corpos como os nossos decidem trabalhar pela retomada de poder para o povo, a elite teme. E, acuada, faz o que sabe. Ameaça. Intimida. Mata.

O Brasil é o país que mais assassina defensores e defensoras de direitos humanos no mundo. Cresce exponencialmente a violência política. Um estudo feito pelas organizações Terra de Direitos e Justiça Global aponta que, desde 2016, 327 pessoas foram vítimas de violência política. Foram ao menos 125 assassinados.[1] Sabemos, inclusive, da subnotificação desses dados. Eu queria, nesse cenário dramático, concentrar-me na violência política de raça e gênero, que impacta significativamente a minha vida e a de tantas outras mulheres negras que emprestam seu corpo para a luta.

Não é fácil nem confortável disponibilizar nossa vida para a tarefa parlamentar. Minha experiência – que infelizmente não é isolada – foi extremamente violenta desde o primeiro dia e segue sendo. Uma violência que se manifesta de muitas formas. Quantas vezes interrompida? Quantas vezes objetificada? Quantas vezes ridicularizada? Quantas vezes vítima de mentiras? Quantas vezes ameaçada? Não é possível quantificar tamanha violência.

---

1. Terra de Direitos e Justiça Global. "Violência política e eleitoral no Brasil", 28 de setembro de 2020. Disponível em: <www.terradedireitos. org.br/acervo/publicacoes/livros/37/violencia-politica-e-eleitoral-no--brasil/23478>. Acesso em: 28 jan. 2022.

Lembro-me do primeiro dia na Câmara de Vereadores e Vereadoras de Niterói, em 2017. Eu era a única mulher em exercício. Vinte homens e eu. Numa reunião na sala da presidência, a primeira, recordo-me do constrangimento que me causaram as conversas misóginas que travavam ali. Em algum momento falaram das pernas de uma ex-vereadora. Eu, em silêncio, tinha vontade de dar um tapa na mesa e pedir respeito, mas não tive força. Afinal, era só o primeiro dia. A verdade é que não imaginava o que estava por vir.

Desde os primeiros meses do mandato, nossa página pública no Facebook já registrava de modo cotidiano diversas ameaças, difamações, ofensas, mensagens carregadas de racismo e misoginia. Não é razoável conviver com mensagens como "negra nojenta", "volta pra senzala", "puta", "vagabunda", "se encontro na rua dou paulada", "merece uma 9 mm na nuca, essa safada", "tem que morrer, desgraçada", "precisa de um pau grosso e que doa muito". Depois da execução de Marielle, as mensagens que passaram a chegar extrapolavam ainda mais o tom: "essa é a próxima a ter a cara furada"; "você merece morrer com um tiro na cara para estragar o velório, macaca fedorenta", diziam.

O nível de violência contido só piorou de lá para cá. Parece inacreditável, mas infelizmente explicita um Brasil impossível de esconder. Queria, a partir desse horror, trazer três reflexões. Que Brasil é esse revelado nessas agressões? O que motiva esse tipo de violência? Como permanecer na vida pública?

Primeiro, é impossível apartar esses ataques nas redes sociais da compreensão de que o racismo nos estrutura. Nenhuma relação social no Brasil pode ser pensada sem a dimensão racial. Os séculos de escravidão não foram plenamente superados, e o Estado brasileiro não ofereceu para nós, negras e negros, qualquer reparação.

O mesmo mecanismo racista que permite que uma vereadora ou deputada seja chamada de "negra nojenta" possibilita um jovem negro ser encarcerado injustamente por um retrato falado que descreve "um negro magro". Esse mesmo mecanismo permite que mulheres negras sejam as maiores vítimas de violência obstétrica. Esse mesmo mecanismo está evidente no feminicídio, que é negro; na mortalidade materna, que é negra; nas vítimas da letalidade policial, negras. Esse mesmo mecanismo permite que ainda existam "quartinhos de empregada" no Brasil – sem janelas e sem direitos –, permite que a execução de Marielle – mulher preta –, na ocasião de publicação deste livro, quatro anos depois, ainda não tenha solução. A cruel ligação do racismo que estrutura todas as instituições brasileiras com o patriarcado e com a barbárie do capitalismo é cada vez mais escancarada. É impossível não perceber o evidente racismo nisso tudo.

Sim, é violento ser mulher negra na política porque é violento ser mulher negra neste Brasil. Este Brasil revelado não está mais escondido nos porões. Grupos supremacistas brancos, integralistas e neonazistas se sentem autorizados a violentar.

Em 2019, a Polícia Federal informou que eu estava correndo um risco de "cunho racista". Em um chat da *deep web*, homens diziam – diante de uma foto minha abraçada com Marielle – que estava na hora de cumprir o que prometeram. No diálogo, chamavam-me de "escrava", falavam de um ataque que planejavam para me mandar para "o inferno junto com Marielle". O mesmo Brasil racista escancarado no assassinato de um nordestino na minha cidade, Niterói, por membros de grupos neonazistas lá organizados.

Infelizmente, esse tipo de violência segue a todo vapor. Nos últimos meses, parlamentares eleitas vereadoras no pleito mais recente (e eu também!), especialmente negras, transexuais e lésbicas, receberam e-mails exigindo a renúncia do seu mandato, com ameaças de morte caso não atendessem à "demanda". Os e-mails eram recheados de racismo, lesbofobia e transfobia. Além de chamadas de "macacas", a maioria teve os endereços divulgados. O(s) autor(es) do crime também é (são) – provavelmente – membro(s) do tal chat da *deep web*.

Conto esses episódios porque acredito que revelam que o ódio misógino e racista, muitas vezes vindo de indivíduos escondidos atrás de uma tela e executado nas redes sociais, parece estar cada vez mais organizado. É preciso também – de forma cada vez mais contundente – organizar nossas trincheiras de luta para enfrentar esse Brasil revelado na violência racial e de gênero.

Esse é, aliás, um caminho para a segunda reflexão que propus. O que motiva esse tipo de violência? A gente percebeu por aqui que a violência é muito potencializada quando vêm à tona dois grupos de debates: os que envolvem direitos e gênero e aqueles que tratam de segurança pública e racismo. Nada diferente do esperado num Brasil com as marcas que já tratamos anteriormente. Há muito se convive com o mito da democra-

194 | Até que todo corpo de mulher seja livre

cia racial e com a invisibilização ou deturpação das questões de gênero.

No país que mais assassina transexuais do mundo, no país em que lésbicas e bissexuais sofrem estupro corretivo, os que roubaram o poder do povo se valem de um senso comum construído no fundamentalismo religioso e conservador. Inventam coisas inimagináveis, como "mamadeira de piroca" e supostas cartilhas para ensinar a ser gay na escola. Poderia ser risível, mas é estarrecedor. Muitos que ocupam as instituições brasileiras reforçam, desse modo, a violência contra esses corpos, legitimam-na, potencializam-na. Obviamente, lutar contra tudo isso gera grande reação desses setores da elite.

Lembro-me, ainda enquanto vereadora, de uma emenda ao Plano Municipal de Educação aprovada pela maioria dos vereadores da Casa, que proibia o debate de gênero e diversidade sexual nas escolas. Essa gente sem escrúpulos, que nada entende de educação, também ignora que os milhares de meninas que sofrem violência sexual dentro de casa têm a escola como lugar de denúncia e, muitas vezes, de liberdade. Ignora também o alto índice de suicídios de jovens da comunidade LGBTQIA+ no Brasil. Como não tratar desses temas na escola?

Conseguimos derrubar a emenda na Justiça, e isso foi motivador de um reforço inimaginável da violência política. De "pedófila" a "assassina de crianças", assim fui sendo chamada nas redes. Às vezes era um grito na rua. Audiências públicas sobre o tema na Câmara tinham como marca a violência, às vezes quase física.

Infelizmente não para por aí. O Brasil é o país onde os assassinatos de jovens e crianças negras aumentaram 429% em 20 anos;[2] onde, a cada cinco jovens assassinados, quatro são negros; onde ao menos a cada 23 minutos um jovem negro é assassinado.[3]

A maior parte desses jovens e crianças é vítima da letalidade policial, ou seja, vítima do Estado. Esse é o Brasil cada vez mais revelado. Não pretendo – não é o objeto deste texto – entrar na complexidade que envolve o tema, mas é fato que o modelo de segurança vigente, reforçado há décadas, está falido. Os mesmos policiais que operam, com seu braço armado, a violência do Estado são vitimados nessa sangria sem fim. Toda vez que nos aproximamos desse tema, quando abraçamos as mães – mulheres negras em geral – que têm seus filhos assassinados pelo Estado, fica mais fácil perceber a intensidade da violência política.

Dos tantos casos que acompanhamos ou denunciamos, especialmente na presidência da Comissão de Direitos Humanos da Câmara Municipal de Niterói, vou registrar um. Houve, em 2017, uma operação conjunta da Polícia Civil e do Exército no Complexo do Salgueiro, na cidade de São Gonçalo (RJ), vizinha de Niterói, onde eu era vereadora. A operação, que entendemos ter sido uma chacina, terminou com ao menos oito mortos.

---

2. Alexandre Putti. "Assassinatos de jovens negros no Brasil aumentam 429% em 20 anos", *Carta Capital*, 17 de abril de 2019. Disponível em: <www.cartacapital.com.br/sociedade/assassinatos-de-jovens-negros-no-brasil-aumentam-429-em-20-anos/>. Acesso em: 28 jan. 2022.

3. Letícia Bond. "Atlas da Violência: assassinatos de negros crescem 11,5% em 10 anos", Agência Brasil (São Paulo), 27 de agosto de 2020. Disponível em: <www.agenciabrasil.ebc.com.br/geral/noticia/2020-08/atlas-da-violencia-assassinatos-de-negros-crescem-115-em-10-anos>. Acesso em: 28 jan. 2022.

196 | Até que todo corpo de mulher seja livre

Nosso mandato tinha (e tem) um vínculo muito grande com São Gonçalo. Não podíamos, portanto, deixar de nos posicionar. Mas um simples pedido por um minuto de silêncio em memória das vítimas gerou debates inacreditáveis. Um vereador – policial militar – chegou a bater na calça, como se tivesse um coldre com arma, em tom ameaçador. As ameaças de morte nas redes sociais chegaram a níveis muito sérios. Aliás, depois do pronunciamento de um coronel – hoje deputado estadual, na altura comandante do batalhão de São Gonçalo – que publicou uma nota repudiando os meus posicionamentos, desqualificando meus argumentos e minha legitimidade, foram centenas de ataques coordenados à minha página, muitos com ameaças explícitas de morte.

As ameaças extrapolaram as redes. Um homem ligou por horas, de números diferentes, para a sede do Psol na minha cidade, Niterói, e de forma agressiva começou a questionar: "Você tem o telefone desta *vereadora piranha* que vocês elegeram? Me dá o telefone desta *vereadora piranha*. Vocês são uns babacas... Me dá o telefone *desta piranha que vocês elegeram*, se não der o telefone *eu vou na sede deste partido e vou jogar uma bomba*, estou perto da sede. *Me dá o telefone daquela piranha*."

O responsável pelas ligações foi descoberto. Em depoimento à polícia, o agressor relatou que foi incitado a fazer as ligações após uma postagem sobre mim, na página de um vereador bolsonarista, atualmente também deputado federal, eleito pelo PSL. O caso da chacina do Salgueiro foi arquivado, mas a investigação militar não ouviu sequer sobreviventes e familiares de vítimas.

Infelizmente, episódios como esses são comuns na vida de parlamentares com mandatos como os que nós construímos durante meu período como vereadora em Niterói e hoje como deputada em Brasília. A pergunta, diante disso, é: Como continuar? Como mulheres que enfrentam o sistema seguem na vida política?

Acho que, antes de tudo, é bom lembrar que muitas de nós fazemos política desde que nascemos. Política é o preço do arroz. Política é se o preço da passagem cabe no orçamento. É não saber se o filho de uma mulher negra da favela ou periferia vai voltar vivo para casa. Eu não tenho dúvidas de que a política em que acredito reside na trabalhadora que se desdobra para fazer a vida continuar acontecendo, nas redes de solidariedade que constrói, nesse aquilombamento tão invisibilizado. Essa potência das mulheres negras, faveladas, periféricas incomoda profundamente os que detêm o poder. Também quando essa política que é cotidiano, que é vida concreta, quando a classe trabalhadora está representada nos espaços institucionais, a elite colonial já mencionada aqui reage aos corpos supostamente estranhos.

Se o primeiro dia como vereadora foi difícil, estar no Congresso Nacional, no centro da política brasileira, tem sido ainda mais desafiador. Quantas vezes fui barrada na porta, mesmo com o broche me identificando como deputada? Até na posse fui barrada! Em reuniões da Comissão de Constituição e Justiça, na qual representava meu partido, já fui chamada de "favelada louca" (como se isso efetivamente fosse algo ofensivo. Meu abraço aos loucos. Meu abraço a cada favelada); já tive que ouvir de deputados coisas como "façam essa menina se calar". Meu microfone foi sistematicamente desligado mesmo quando eu, cor-

198 | Até que todo corpo de mulher seja livre

retamente, reivindicava artigos do regimento da Casa (que, obviamente, estudei) para ter direito à fala garantido.

A violência simbólica é indescritível. Mas é também impressionante, aliás, que, mesmo diante de tamanha violência, fomos nós, mulheres opositoras de um governo genocida em curso, as mais contundentes nos enfrentamentos aos ataques ao povo. Era até bonito de ver. Nas pautas mais duras formávamos, nas primeiras cadeiras, uma coluna feminista e popular para exigir direito de fala, voz, luta; para garantir direitos.

Mas, de fato, não é fácil continuar. Eu e minha equipe já fomos intimidadas, em plena campanha, por policiais armados; já precisei sair correndo do comitê de campanha por ter gente armada rondando; já fomos expulsas de atividade na Zona Oeste do Rio de Janeiro – região de intensa atuação da milícia; até o momento, já precisei me mudar duas vezes de casa para seguir viva. O último risco, que envolve possível planejamento de milicianos para me executar, obrigou-me a deixar temporariamente o meu estado, o lugar que me elegeu deputada federal com mais de 107 mil votos, a nona mais votada do Rio de Janeiro. Fiz o que tinha que ser feito. Em plena licença-maternidade, com uma bebê de três meses, eu e meu companheiro deixamos o Rio de Janeiro e não vemos a hora de voltar. Fizemos isso porque eu não quero ser mártir, e só se faz política viva. Eu quero, exijo estar viva para fazer política.

É triste saber que as violências – das simbólicas às ameaças de morte, todas absurdas e graves – podem acabar minando o desejo de meninas e mulheres ocuparem a política. Por isso, é preciso que sejamos cada vez mais de nós. Precisamos diagnosticar e criar mecanismos para impedir a violência política de gênero e raça.

Apresentamos, inclusive, projeto de lei, na Câmara Federal, que caminha nesse sentido. Mas é preciso também garantir condições para que mulheres sejam candidatas. Recursos partidários, rede de apoio, inclusive para mulheres mães, divisão do trabalho doméstico. A dureza da política institucional, capaz de minar nossas forças, pode ser minimizada à medida que mais de nós estivermos nos espaços de poder. Para subverter o poder, coletivizar o poder e devolver o poder para as maiorias. Todos os dias penso em quão difícil é para nós, mulheres negras, mulheres socialistas, mulheres de luta, seguir ocupando esses espaços. É quase insuportável não poder ir à padaria sem uma escolta porque há risco efetivo de ser assassinada. Sinto saudade das rodas de samba. Fui obrigada a trocar a bicicleta – que me levava, no início, para a Câmara de Vereadoras e Vereadores – pelo carro blindado. Todos os dias penso em parar. Mas todos os dias decido ir em frente. Hoje, aliás, tenho também uma motivação ainda "mais imensa". Moana Mayalú, minha filha gestada e parida em tempos de pandemia, em um governo de índole fascista, em meio a ameaças de morte a mim e à minha família, ajuda-me a ter certeza de que precisamos gestar um mundo melhor para todas as crianças.

É fundamental, nestes tempos de democracia fraturada, que a gente afirme que não há democracia real sem que todos os corpos possam participar da vida política – nas ruas, no parlamento, nos movimentos – vivos. Queremo-nos em todos os espaços livres, e vivas! E é preciso estar mesmo em todos os espaços. Tratei prioritariamente, neste breve conjunto de reflexões, do parlamento, que hoje é o local que ocupo. Mas não tenho dúvida de que essa realidade só vai ser realmente transformada de fora para dentro. Nós

200 | Até que todo corpo de mulher seja livre

mulheres precisamos estar todas organizadas. Em um partido, em um movimento, em um sindicato, nas lutas dos bairros. Sem a organização popular não é possível mudarmos efetivamente tantas coisas que nos violentam. Minha companheira de bancada, a deputada federal Luiza Erundina, costuma dizer que o parlamento pode ser o túmulo dos revolucionários. Revolucionária que sou, escuto com atenção minha querida amiga, que é também uma referência para mim. Nos organizemos! Foram as mulheres organizadas, ao longo da história, que pavimentaram tanta coisa até aqui.

E, se a gente caracteriza a violência política de gênero e raça como fundante do Estado brasileiro, é fundamental que não esqueçamos em nenhum minuto que a violência nunca ficou sem resposta popular. É preciso dizer que a resistência começou quase no mesmo momento. Teve início quando a primeira flecha voou pelos ares destas terras para expulsar os invasores. Seguiu com Palmares permanecendo de pé durante 100 dos nossos 522 anos. Avançou com Canudos, que precisou de um exército – quando este nem existia – para ser derrubado. Seguiu com as barricadas organizadas pelo capoeirista Prata Preta no bairro da Saúde, no Rio de Janeiro, ou com as lutadoras e os lutadores da ditadura militar. E nos trouxe vivos **aos** dias de hoje para podermos cumprir nosso papel histórico. A resistência – expressa nas figuras de Dandara, Luiza Mahin, Tereza de Benguela – deve sempre nos guiar. Deve ser sempre nosso sul. Devemos permanecer vivas e lutar por elas, por Marielle Franco e por tantas que abriram caminhos para nós. Por uma geração de meninas que têm o direito de ser felizes. Lutemos, nos organizemos, façamos isso até que todo corpo de mulher – e todos os corpos – seja livre.

PARA SABER MAIS

A violência política sexista, racista e interseccional: mapeando conceitos da violência política contra as mulheres

Marlise Matos

> Marlise Matos é professora associada do Departamento de Ciência Política, coordenadora executiva do Núcleo de Estudos e Pesquisas sobre a Mulher (Nepem) e do Centro do Interesse Feminista e de Gênero (CIFG), ambos da Universidade Federal de Minas Gerais (UFMG).

Apesar de ainda pouco reconhecida (especialmente com essa designação: *violência política contra as mulheres* – de agora em diante neste texto, VPCM, ou, ainda, *violência política de gênero* – VPG), a VPCM vem sendo exercida há bastante tempo. Uma vez que ela é forma de controle e disciplinamento do acesso e permanência das mulheres no campo político parlamentar (das mulheres negras e indígenas e, enfim, de todas as formas de pertencimento social que trazem marcas que não são masculinas, brancas e cis-heteronormativa), toda mulher que exerceu, exerce ou já se candidatou a exercer um cargo político tem alguma história para contar sobre essas formas de violência.

Sabemos que a esfera da política, especialmente da política parlamentar, na América Latina, tem sido um espaço quase ex-

202 | Para saber mais

clusivamente dominado por homens (costumo mesmo dizer: "reservado" para os homens), sendo conduzido por regras derivadas da lógica patriarcal branca colonial masculina.[1] Como resultado, os parlamentos têm rotinas, práticas e dinâmicas políticas baseadas em relações desiguais de gênero e raça, com hegemonia branca masculina. Os espaços parlamentares sustentam e reproduzem padrões sociais de subordinação e dominação das mulheres (bem como de outros sujeitos não hegemônicos) muito parecidos com aqueles existentes nas outras esferas da vida e, enfim, das sociedades colonizadas, nas quais as estruturas patriarcais e racistas estão já internalizadas.

Ou seja, por um lado, é inegável o fato de que as democracias latino-americanas promoveram ações concretas na vida cidadã de seu país com vistas a enfrentar tais diferenças de participação e representação políticas (como leis de cotas, leis de paridade de gênero, mecanismos institucionais de mulheres, escritórios ou agências institucionais para lidar com questões de gênero e raça). Por outro lado, persiste nas sociedades as práticas violentas contra as mulheres, as pessoas negras, integrantes da comunidade LGBTQIA+ e indígenas – que hoje são

---

1. Conferir especialmente: Jutta Marx, Jutta Borner e Mariana Caminotti, "Las legisladoras: cupos de género política en Argentina y Brasil. Buenos Aires: Siglo XX"; Marlise Matos, "Mulheres e a violência política sexista: desafios à consolidação da democracia"; Mona Lena Krook e Juliana Restrepo Sanín, "Gender political violence in Latin America: concepts, debates and solutions"; Nélida Archenti, "Acorso y violencia política en razón de género: un estudio sobre América Latina. Nuevas normas, viejas prácticas", 2014; Nélida Archenti e Maria Inés Tula, "Critical challenges of quotas and parity in Latin America", 2017.

mais visíveis. No entanto, mudanças efetivas e permanentes da realidade brutal e discriminatória vivida por esses grupos ainda não foram alcançadas.

Este ensaio vai apresentar definições, características e reportar sobre algumas dinâmicas históricas em relação aos conceitos de VPG e de VPCM. Começo com a discussão mais ampliada sobre a violência de gênero/sexualidade e raça/etnia, para, na sequência, trazer o pioneirismo das mulheres latino-americanas na colocação para a esfera pública da gravidade desse fenômeno. Encerro apresentando os principais conceitos desse campo novo de debates na ciência política.

Violência de gênero/sexualidade, raça/etnia e a emergência dos conceitos de assédio e violência política

As violências de gênero/sexualidade e raça/etnia são fenômenos amplamente estudados na América Latina. Nossas estruturais desigualdades nas relações de poder – entre homens e mulheres, brancos e não brancos e entre sexualidades hegemônicas e dissidentes –, herdadas desde a colonização, levaram à naturalização de práticas sociais e culturais em que essas violências se manifestam constante e cotidianamente. A gravidade da situação tem levado à criação de vários instrumentos jurídicos e de legislações nacionais e regionais para tentar coibir os fenômenos que advêm delas. Por exemplo, a convenção interamericana para prevenir, punir e erradicar a violência contra a mulher – Convenção de Belém do Pará, de 1994 – estabeleceu, pela primeira vez, mecanismos de proteção e defesa dos direitos de mulheres para a região.

204 | Para saber mais

Os episódios de violência de gênero/sexualidade e raça/etnia ainda têm sua expressão máxima nos casos de feminicídio.[2] Em razão disso, além do Brasil, até 2021, mais quinze outros países latino-americanos aprovaram leis que tipificam e penalizam esse ponto de chegada perverso do ciclo da violência contra as mulheres: Argentina, Bolívia, Chile, Costa Rica, Colômbia, El Salvador, Guatemala, México, Nicarágua, Equador, Honduras, Panamá, Peru, Uruguai e Venezuela.[3] Mesmo que ainda haja um longo caminho a percorrer, tivemos avanços institucionais e sociais importantes.

Assim, diante desse panorama em que se têm, paradoxalmente, os incentivos a maior participação formal feminina, negra e indígena, e, ao mesmo tempo, muitas ameaças e cerceamentos ao exercício dos direitos – colocados em evidência pela coação de origem étnica, racial, sexual e de gênero – é que a violência passou a ser nomeada. E, como informado, foram

---

2. O Fórum Brasileiro de Segurança Pública (FBSP) compila e analisa dados no Brasil sobre violência contra as mulheres e feminicídios há algum tempo e os publica no *Atlas da violência*. O próprio FBSP reconhece que "A violência está presente no cotidiano das mulheres brasileiras. Desde o assédio moral e sexual até o feminicídio, diferentes dimensões da violência marcam a experiência da vida de mulheres de todas as idades no país. O problema é tão grave, que recentes conquistas legais, como a Lei do Feminicídio, de 2015, reconhecem a especificidade desta violência". Fórum Brasileiro de Segurança Pública, "Violência contra a mulher – dados, pesquisas e análises". Disponível em: <www.forumseguranca.org.br/publicacoes/violencia-contra-meninas-e-mulheres//> Acesso em: 28 jan. 2022.

3. Instituto Patrícia Galvão. *Dossiê Feminicídio*. "Legislações sobre feminicídio da América Latina". Disponível em: <www.dossies.agencia-patriciagalvao.org.br/feminicidio/legislacoes/> Acesso em: 28 jan. 2022.

as mulheres feministas latino-americanas que insistiriam nessa "nomeação".

A questão do assédio e da violência política com base no gênero foi discutida na Décima Conferência Regional de Mulheres da América Latina e Caribe, realizada em Quito, em agosto de 2007. A conferência, promovida pela Comissão Econômica para a América Latina e o Caribe (Cepal) e a ONU Mulheres, contou com a participação de 24 países que se tornaram signatários dos dezenove compromissos dessa conferência regional. Todos concordaram e se comprometeram em rever as conquistas e os desafios nacionais em matéria de promoção da igualdade de gênero e foram instados a

> Adotar medidas legislativas e reformas institucionais para prevenir, punir e erradicar o assédio político e administrativo contra mulheres que acessem cargos de tomada de decisão por meios eleitorais ou por nomeação, tanto em nível nacional e local quanto também nos partidos e movimentos políticos.[4]

Em termos normativos e conceituais, a região da América Latina foi pioneira em todo o mundo na delimitação, no reconhecimento público e na busca por iniciativas legais para penalizar a VPCM. E é notável o protagonismo das mulheres bolivianas

---

4. Cepal. Décima Conferencia Regional sobre la Mujer de América Latina y el Caribe, "Consenso de Quito", 9 de agosto de 2007, p. 4. Disponível em: <www.cepal.org/es/eventos/decima-conferencia-regional-la-mujer--america-latina-caribe>. Acesso em: 28 jan. 2022.

206 | Para saber mais

nesse caminho. A designação *violência e assédio políticos contra as mulheres* surgiu, assim, pela primeira vez, no ano 2000, quando um grupo de vereadoras convocou reunião sobre o tema na Câmara de Deputados da Bolívia. Essa reunião teve por objetivo discutir relatos de violência dirigidos contra mulheres candidatas e eleitas em alguns municípios rurais naquele ano. Em 2012, o país já estava adotando a lei sobre violência e assédio político contra as mulheres, que, em 2016, foi regulamentada por meio do Decreto n. 2.935. Outros países da região, como Costa Rica, Equador, Honduras, México e Peru, apresentaram também projetos de lei versando sobre o fenômeno para consideração de seus parlamentos.

Em 2004 foi criado o Mecanismo de Acompanhamento da Convenção de Belém do Pará (Mesecvi), promovido pela Comissão Interamericana de Mulheres (CIM), com o objetivo de monitorar a implementação da Convenção nos Estados signatários. Houve progresso na prevenção e na punição da violência contra as mulheres na esfera privada, e apenas recentemente a CIM e o Mesecvi estabeleceram acordos (2014) para se avançar também na prevenção, punição e erradicação da VPCM. Esse processo se consolidou numa reunião em Lima, no ano de 2015, na qual foi formulado o projeto de fortalecimento das capacidades institucionais de autoridades políticas e eleitorais para mitigar a violência e o assédio político contra mulheres. O objetivo geral foi contribuir com Estados que fazem parte da Convenção de Belém do Pará, para que possam responder efetivamente a esse tipo de violência – enfatizando a necessidade de um marco normativo que garantisse o pleno exercício dos direitos políticos das mulheres.

Posteriormente, em outubro do mesmo ano, a Sexta Conferência dos Estados Partes da Convenção de Belém do Pará aprovou a Declaração sobre Violência e Assédio Políticos Contra Mulheres, o primeiro acordo regional (e em todo o globo) especificamente sobre o assunto. Nele, mais uma vez, os países signatários foram instados a se comprometer com o desenvolvimento de normas que definissem e penalizassem essa forma específica de violência.

A violência e o assédio políticos contra as mulheres foram reconhecidos na declaração, que tomou como base a Convenção de Belém do Pará. Nela, "violência contra a mulher" foi deferido como qualquer ação ou conduta baseada em gênero que cause morte ou sofrimento físico, sexual ou psicológico à mulher, tanto no âmbito público quanto no privado). A convenção também estabeleceu que os Estados signatários (o que inclui o Brasil) deverão adotar políticas orientadas à prevenção, sanção e erradicação da discriminação desse tipo de violência nos espaços públicos e privados. De forma específica, a Declaração de 2015 estabelece:

> Que tanto a violência quanto o assédio político contra a mulher podem incluir qualquer ação, conduta ou omissão, entre outras, com base no seu gênero, individualmente ou em grupo, que tenha por objetivo ou como resultado diminuir, anular, prevenir, obstruir ou restringir seus direitos políticos, vio-

lando o direito das mulheres a uma vida livre de violência e o direito de participar nos assuntos políticos e públicos em igualdade de condições com os homens;

Que a violência política e o assédio contra as mulheres impedem que elas sejam reconhecidas como sujeitos políticos e, portanto, desestimulam o exercício e a continuação da carreira política de muitas mulheres.[5]

Pesquisadores de referência nesses debates como, Krook e Restrepo Sanín, vêm sinalizando sua preocupação com o problema da violência política exercida contra as mulheres. Foram elas as primeiras a identificarem tal violência como uma debilidade na constituição dos Estados democráticos. Estes discriminam e invisibilizam as demandas das mulheres, refletindo, mais uma vez, processos frágeis e inacabados de consolidação democrática.

---

5. No original em espanhol: "*Que tanto la violencia, como el acoso políticos contra las mujeres, pueden incluir cualquier acción, conducta u omisión entre otros, basada en su género, de forma individual o grupal, que tenga por objeto o por resultado menoscabar, anular, impedir, obstaculizar o restringir sus derechos políticos, conculca el derecho de las mujeres a una vida libre de violencia y el derecho a participar en los asuntos políticos y públicos en condiciones de igualdad con los hombres; Que la violencia y el acoso políticos contra las mujeres impiden que se les reconozca como sujetos políticos y por lo tanto, desalientan el ejercicio y continuación de las carreras políticas de muchas mujeres.*" Cepal. "Declaración sobre la Violencia y el Acoso Político contra las Mujeres", 19 de novembro de 2015. Disponível em: <www.cepal.org/es/notas/declaracion-la-violencia-acoso-politicos-mujeres>. Acesso em: 28 jan. 2022.

Dessa forma, a violência política é uma ferida aberta no coração de todo projeto democrático.

Independentemente da diversidade cultural e política dos países latino-americanos, não é incomum que, como mulheres, elas experimentem a política de modo diferente dos homens, e, infelizmente, de modo mais negativo também. Um dos principais obstáculos para o empoderamento feminino na esfera política têm sido, então, os ataques recorrentes e as várias manifestações de assédio e violência política. De maneira geral, o termo "assédio político" é raramente ouvido no campo ou nas teorias políticas no Brasil. Somos nós, mulheres na ciência política, que nos vemos obrigadas a discutir e a problematizar esses temas e a fazer avançar os debates, trazendo os conceitos.

Os estereótipos ou estigmas relacionados à figura feminina, nesse campo de relações de força, são, com certeza, manifestações do tradicionalismo/patriarcado de gênero/sexualidade e raça/etnia, relacionando-se a um conjunto muito arraigado de crenças sobre os atributos pessoais "mais adequados" social, política e culturalmente a homens e mulheres, sejam essas crenças individuais ou compartilhadas. De forma recorrente, os estereótipos e estigmas de gênero são fortemente associados a relações vividas, experimentadas de um modo historicamente tradicional – leia-se: colonial, racista e patriarcal. Esses modelos se manifestam a partir de um esquema binário com a polarização entre a mulher – cuidadora, dona de casa, afetiva, subjetiva e social e culturalmente responsável pelos filhos e pela união da família – e o homem – provedor, chefe da casa, financeiramente responsá-

210 | Para saber mais

vel pela família.[6] Assim como existem vários estigmas associados aos papéis sociais que historicamente foram atribuídos às mulheres negras e indígenas como trabalhadoras braçais, ignorantes, objetificadas por padrões de hipersexualização etc. Mesmo que tenhamos experimentado profundas mudanças nas nossas sociedades e que formas não tradicionais de organização entre os gêneros e as raças sejam hoje experimentadas, no campo da política formal, como veremos, ainda há uma fortíssima prevalência de estereótipos e estigmas.

Minha hipótese é a de que a política formal se constitui numa das "últimas fronteiras" dos processos de democratização de gênero/sexualidade e raça/etnia e, por esse mesmo motivo, no limite, as estruturas de domínio masculino se fazem imperativas como forma de disciplinamento desses corpos dissidentes. Além do controle e do condicionamento, lança-se mão das inúmeras formas de violência e assédio para manter o lugar do privilégio masculino, cis-heteronormativo e branco, um lugar reservado na política formal/estatal. Essas práticas se revelaram no Brasil uma linguagem de deterioração da democracia, de desdemocratização,[7] quando essa violência política foi autorizada a partir do momento especial, em que os novos sujeitos passaram a desafiar, ameaçar esse mandato/privilégio masculino.

---

6. Marlise Matos e Marina Brito Pinheiro. "Dilemas do conservadorismo político e do tradicionalismo de gênero no processo eleitoral de 2010: o eleitorado brasileiro e suas percepções". *In*: José Eustáquio Alves *et alii* (org.). *Mulheres nas eleições 2010*. São Paulo: ABCP/Secretaria de Políticas para as Mulheres, 2012, p. 47-89.
7. Wendy Brown. *Undoing the demos: neoliberalism's stealth revolution*. [*S.l.*]: Zone Books, 2015.

Definindo violências e a violência política de gênero

Parte da literatura latino-americana[8] vem sinalizando sua preocupação com a escalada do problema referente à violência política exercida contra as mulheres. Muito mais do que um problema de caráter criminal e de violação dos direitos fundamentais das mulheres (que de fato é), é preciso compreender o problema mais amplamente. Ele está vinculado às nossas democracias, aos sistemas políticos e, como estamos defendendo neste ensaio, ao momento específico de repatriarcalização racista colonial e neoconservadora que estamos experimentando na América Latina. É também importante insistir que esse tipo de violência impacta de forma decisiva a maneira como os Estados lidam de modo efetivo com os direitos humanos (e as perdas e os ataques fundamentalistas a eles) e, principalmente, com a necessária busca por mais justiça, igualdade e equidade de gênero/sexualidade e raça/etnia.

Assim, em novembro de 2020, o Núcleo de Estudos e Pesquisas sobre a Mulher (Nepem) da Universidade Federal de Minas Gerais (UFMG) iniciou um mapeamento nacional sobre eventos de violência política dirigida às mulheres nas eleições municipais daquele ano. Para levar a termo essa pesquisa, tornou-se neces-

---

8. É importante destacar que, originalmente, esses debates teóricos primeiro surgiram no contexto latino-americano (Ana Cecilia Escalante Herrera e Nineth Méndez Aguilar, 2011; Flávia Biroli, 2016; Isabel Torres García, 2017; Juliana Restrepo Sanín, 2018; Marlise Matos e Marina Brito Pinheiro, 2012; Marlise Matos, 2020; Morena Herrera, Mitzy Arias, e Sara García, 2011; Ximena Machicao Barbery, 2004) e internacional (Gabrielle Bardal, 2011, 2016; Jennifer Piscopo, 2016; Mona Lena Krook, 2009, 2015; Mona Lena Krook e Juliana Restrepo Sanín, 2014, 2016).

212 | Para saber mais

sário definir, explicar e caracterizar esse tipo de violência para que as candidatas pudessem, de fato, reconhecer a experimentação do fenômeno. Para isso foi elaborada uma cartilha online[9] que tematizava a VPCM e trazia suas principais definições numa linguagem acessível e simplificada.

Para conseguirmos alcançar o maior número possível de candidatas nas eleições de 2020 e sensibilizar a opinião pública, a cartilha elaborada trouxe definições e conceitos centrais. E também exemplificações de formas de VPCM, assim como informações relevantes sobre o que fazer caso a candidata tenha passado por alguma dessas formas de violência.

A seguir, como essa cartilha e suas definições foram fruto de extenso trabalho de pesquisa e de discussão, pretendo replicar algumas definições e exemplos que estão lá.

A VPCM, como outras formas de violências de gênero já conhecidas, é definida por violências de caráter físico, psicológico, moral e sexual (a Lei Maria da Penha também incluiu a violência patrimonial/econômica) que tenham o intuito de limitar ou até impedir a participação da mulher na vida pública, política e partidária. Existem inúmeros gatilhos que podem levar a essas violências. Para além de ser mulher, lembramos também que a violência sofrida pode advir da raça/cor/etnia, orientação sexual, classe social, religião, idade, escolaridade. Ou pelo fato de uma pessoa possuir alguma deficiência, pertencer a algum movimento social ou ter determinada identificação ideológica, entre outros.

---

9. A "Cartilha Violência Política Contra a Mulher", do Nepem, pode ser acessada em: <www.bit.ly/2Itz9ws>.

A VPG e, mais especificamente, a VPCM revelam-se por meio de atos ou omissões que produzem danos à inserção e à permanência de mulheres nos espaços de poder. Esses danos, por sua vez, violam os direitos políticos do grupo das mulheres (tanto individual quanto coletivamente). A VPCM, sendo um subtipo da VPG, quando ocorre especificamente ao longo dos períodos eleitorais, pode ser identificada como violência política eleitoral contra as mulheres (VPECM). Para mais detalhamento, podemos afirmar que a violência política sexista (VPS)

> [...] refere-se a uma forma de violência que está incluída na VPCM, mas que se relaciona especificamente àqueles mecanismos baseados em gênero que, violentamente, pretendem manter os privilégios masculinos e as relações tradicionais de gênero e raça da política, no âmbito da representação, sustentando o objetivo final de manutenção do mandato masculino e branco de dominação na política. É possível afirmar que à violência política sexista se acrescenta frequentemente a violência política racista (VPR) e é possível constatar também que estas duas possam se apresentar interseccionalizadas: violência política sexista racista (VPSR).[10]

---

10. Marlise. "Mulheres e a violência política sexista: desafios à consolidação da democracia." *In*: Flávia Brioli, Cristina Buarque de Hollanda, Vanessa Elias de Oliveira e Carla Almeida (orgs.). *Mulheres, poder e ciência política: debates e trajetórias*. Campinas: Editora Unicamp, 2020. v. 1. p. 117.

Essas manifestações de violência possuem, então, objetivo comum – já que descrevem comportamentos agressivos que têm seu alvo nas mulheres (negras e indígenas, ainda mais fortemente) – e o intuito de fazê-las abandonar a política, pressionando-as a desistir. Primeiro, quando candidatas e, depois de eleitas, permanece a pressão para forçá-las a se demitirem ou abandonarem o cargo político específico. Assim, a VPCM pode, então, ser desdobrada e experimentada como: violência política sexista – VPS (quando o que induz a agressão é o ódio misógino); violência política racista – VPR (quando o que induz a agressão é o ódio etnorracial); violência política homofóbica – VPH (quando o que induz a agressão é o ódio homofóbico); ou aquela que envolve essas duas e/ou mais daquelas motivações para agressão descritas, caracterizando-se, afinal, como violência política interseccional – VPI.

A figura a seguir tenta sintetizar essas definições:

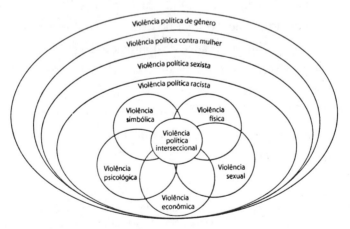

Definições gerais e específicas sobre as formas de violência política contra as mulheres (VPCM).

Todas essas categorias ou tipos de VPCM podem ser manifestadas de inúmeras maneiras, sempre contra a mulher: usar a candidatura como "fictícia" ou "laranja" (algo geralmente feitor pelo partido); destruir material de campanha; perpetrar violências físicas e/ou simbólicas em momentos públicos de campanha; impedir ou dificultar o acesso a recursos (sejam materiais ou ainda de assessoria jurídica ou contábil); divulgar informações falsas e *fake news*; divulgar imagens humilhantes e/ou com conotação sexual, ou ainda montagens com fotos/vídeos com o mesmo fim; proferir ou promover discursos de ódio, calúnia, difamação e injúria; ameaça e uso de violência física e/ou sexual; ameaçar de morte; incitar à violência contra a figura da mulher; fazer ataques coordenados; clonar e bloquear contas; invadir reuniões online e/ou perfis; expor dados pessoais; entre inúmeras outras manifestações que, quando não impedidas e denunciadas, tendem a se mover numa dinâmica de escalada crescente que pode até culminar em feminicídio por razões políticas.

Considerações finais

Para que a sociedade seja justa e efetivamente democrática, é preciso que lutemos pela paridade de gênero/sexualidade e de raça/etnia. No entanto, o objetivo da paridade política nas atuais democracias não é alcançado pura e simplesmente com a adoção de legislações sobre cotas ou leis de paridade político-eleitoral (ainda que reconheçamos a sua importância). Esse propósito exige irmos muito mais além das mudanças legais e institucionais. De modo mais abrangente, a luta para que haja igualdade de acesso de mulheres e homens a todas as instituições estatais e

216 | Para saber mais

organizações políticas precisa ser acompanhada da supressão de discriminação e violência contra mulheres, pessoas trans, pessoas negras e indígenas. Além disso, é necessário o reconhecimento cultural e social de que essas atuações são fundamentais para a reinvenção de nosso pacto democrático.

Parece-me que, especialmente, o não reconhecimento simbólico-cultural está evidente pelos casos de estigmatização, humilhação e violência que a nossa cultura política ainda referenda e multiplica. Mas sabemos que a VPCM não para aí, na estereotipação e estigmatização. As mulheres candidatas e eleitas em 2020 têm nos revelado, a partir dos dados iniciais do levantamento do Nepem, que as agressões também são muito concretas e, frequentemente, físicas, materializando-se moral e psicologicamente em ameaças, constrangimentos e assédios, que são barreiras ao exercício pleno dos direitos políticos das mulheres.

O atual momento político brasileiro, especialmente cruel e perverso com as mulheres em geral, e ainda mais com as mulheres políticas (candidatas e/ou eleitas), tem um papel especial no agravamento desse cenário. Sob os efeitos de uma política genocida, de um projeto de necropoder,[11] que ocupou o governo brasileiro, para o qual algumas vidas são perfeitamente descartáveis, a violência política contra a mulher tem se naturalizado e vem rapidamente se transformando na linguagem da desdemocratização do Brasil.

---

11. Conferir Achille Mbembe. *Necropolítica*. São Paulo: n-1 edições, 2018; e *Idem*. "Necropolítica, biopoder, soberania, estado de exceção, política da morte." *Arte & Ensaios*, Rio de Janeiro, n. 32, p. 122-151, dez. 2016. Disponível em: <www.revistas.ufrj.br/index.php/ae/article/view/8993/7169>. Acesso em: 28 jan. 2022.

Referências bibliográficas

Achille Mbembe. "Necropolítica, biopoder, soberania, estado de exceção, política da morte." *Arte & Ensaios*, Rio de Janeiro, n. 32, dez. 2016, pp. 122-151. Disponível em: <www.revistas.ufrj.br/index.php/ae/article/view/8993/7169>.

_____. *Necropolítica*. São Paulo: n-1 edições, 2018.

Ana Cecilia Escalante Herrera e Nineth Méndez Aguilar. *Sistematización de experiencias de acoso político que viven o han vivido las mujeres que ocupan puestos de elección popular en el nivel local*. Santo Domingo: ONU Mujeres, 2011.

Comissão Econômica para a América Latina e o Caribe (Cepal). *Consenso de Quito. Documento final de la Décima Conferencia Regional sobre la Mujer de América Latina y el Caribe – Cepal*. Quito, 2007. Disponível em: <www.cepal.org/es/eventos/decima-conferencia-regional-la-mujer-america-latina-caribe>.

Flávia Biroli. "Political violence against women in Brazil: expressions and definitions." *Direito & Praxis*, v. 7, n. 15, 2016, pp. 557-589.

Fórum Brasileiro de Segurança Pública. *Violência contra a mulher:* dados, pesquisas e análises. [*S. d.*]. Disponível em: <www.forumseguranca.org.br/publicacoes/violencia-contra-meninas-e-mulheres/>.

Gabrielle Bardal. "Violence politics, and gender." *In: Oxford Research Encyclopedia of Politics*. [*S.l.*]: Oxford University Press, 2016. Disponível em: <www.ifes.org/sites/default/files/violence_politics_and_gender.pdf>.

_____. *Breaking the mold: understanding gender and electoral violence*. Washington, D.C.: International Foundation for Electoral Systems (IFES), 2011. Disponível em: <www.ifes.org/sites/default/files/gender_and_electoral_violence_2011.pdf>.

Instituto Patrícia Galvão. Dossiê Feminicídio. "Legislações sobre feminicídio da América Latina." Disponível em: <www.dossies.agenciapatriciagalvao.org.br/feminicidio/legislacoes/>.

Isabel Torres García. *Violencia contra las mujeres en política: investigación en partidos políticos en Honduras.* NDI, 2017.

Jennifer Piscopo. "State capacity, criminal justice, and political rights: rethinking violence against women in politics." *Política y Gobierno,* v. 23, n. 2, 2016, pp. 437-458.

Juliana Restrepo Sanín. "Violence against women in politics in Latin America." 2018. 239 f. Tese de doutorado em filosofia. Graduate Program in Political Science, Rutgers University, New Brunswick, New Jersey, 2018.

Jutta Marks, Jutta Borner e Mariana Caminotti. "Las legisladoras: cupos de género y política en Argentina y Brasil. Buenos Aires: Siglo XX." *La aljaba,* vol. 12, 2008. Disponível em: <www.repo.unlpam.edu.ar/handle/unlpam/5388>.

Marlise Matos e Marina Brito Pinheiro. "Dilemas do conservadorismo político e do tradicionalismo de gênero no processo eleitoral de 2010: o eleitorado brasileiro e suas percepções". *In*: José Eustáquio D. A. Alves; Celi Regina J. Pinto; Fátima Jordão (orgs.). *Mulheres nas eleições 2010.* São Paulo: ABCP/ Secretaria de Políticas para as Mulheres, 2012. pp. 47-89.

Marlise Matos. "Democracia, sistema político brasileiro e a exclusão das mulheres: a urgência em se aprofundar estratégias de descolonização e despatriarcalização do Estado." *Revista* do *Observatório Brasil da Igualdade de Gênero*, ano 5, v. 7, 2015, pp. 24-35.

_____. "Mulheres e a violência política sexista: desafios à consolidação da democracia." *In*: Flávia Brioli; Cristina Buarque de Hollanda; Vanessa Elias de Oliveira; Carla Almeida (orgs.). *Mulheres, poder e ciência política: debates e trajetórias*, v. 1. Campinas: Editora Unicamp, 2020. pp. 109-142.

Mecanismo de Seguimiento de la Convención Belém do Pará (Mesecvi). Observatorio de Género. "Declaración sobre la violencia y el acoso políticos contra las Mujeres." *Boletín del Observatorio de Género*, n. 2, 2012.

Mona Lena Krook e Juliana Restrepo Sanín. Gender political violence in Latin America: concepts, debates and solutions. *Política y Gobierno*, v. 23, 2016, pp. 125-157.

_____. Mapping violence against women in politics. *In*: *The Annual Meeting of the American Political Science Association*, Washington, D.C., 2014, pp. 28-31.

Mona Lena Krook. *Quotas for women in politics: gender and candidate selection reform worldwide*. [*S.l.*]: Oxford University Press, 2009.

_____. Violence against women in politics. *Journal of Democracy*, v. 28, n. 1, 2017, pp. 74-88.

Morena Herrera, Mitzy Arias e Sara García. *Hostilidad y violencia política: develando realidades de mujeres autoridades municipales*. Santo Domingo: ONU Mujeres, 2011.

Nélida Archenti e Maria Inés Tula. "Critical challenges of quotas and parity in Latin America." *In*: Tomas Dosek *et al.* (orgs.).

220 | Para saber mais

Women, politics and democracy in Latin America. Nova York: Palgrave, 2017. pp. 29-44.

Nélida Archenti. "Acoso y violencia política en razón de género: un estudio sobre América Latina. Nuevas normas, viejas prácticas." *In*: Nélida Archenti; Maria Inés Tula (orgs.). *La representación política imperfecta: logros y desafíos de las mujeres políticas.* Buenos Aires: Eudeba, 2014. pp. 63-80.

Núcleo de Estudos e Pesquisa Sobre a Mulher (Nepem) da Universidade Federal de Minas Gerais (UFMG). "Violência política contra as mulheres" (Cartilha). Disponível em: <www.bit.ly/2Itz9ws>.

Observatório de Igualdade de Gênero da América Latina e do Caribe (Oigalc). Disponível em: <www.oig.cepal.org/pt >.

Organización De Los Estados Americanos (OEA). "Declaración sobre la Violencia y el Acoso Políticos Contra las Mujeres". Lima, 2015. Disponível em: <www.oas.org/es/mesecvi/docs/declaracion-esp.pdf>.

Wendy Brown. *Undoing the demos: neoliberalism's stealth revolution.* [*S.l.*]: Zone Books, 2015.

Ximena Machicao Barbery. "La participación política de las mujeres ¡Un dilema lejos de resolver!". *In: III Encuentro Latinoamericano de la Red Latinoamericana y del Caribe de Asociaciones de Mujeres Autoridades Electas de Gobiernos Locales (Redlamugol)*, Quito-Ecuador, 2011. ONU/Mujeres, AECID, Barcelona, 2011.

_____. *Acoso político: un tema urgente que afrontar.* La Paz: Artes Gráficas Editorial Garza Azul, 2004.

A primeira edição deste livro pela Rosa dos Tempos foi impressa em março de 2022, às vésperas do quarto ano sem resposta sobre quem são os mandantes do assassinato sumário da vereadora da cidade do Rio de Janeiro Marielle Franco e seu motorista, Anderson Gomes.

Neste momento, o Brasil ocupa o 145º lugar no ranking mundial de presença feminina em parlamentos federais, realizado pelo Inter-Parliamentary Union, organização internacional de cooperação entre parlamentos dos Estados soberanos. Ainda que, segundo o Tribunal Superior Eleitoral, 52,5% do eleitorado brasileiro seja composto de mulheres, sua representação política não passa de 15,8%.

Em 4 de agosto de 2021 foi sancionada a Lei 14.192, que inclui no Código Eleitoral brasileiro o crime de "violência política contra a mulher", definido como "toda ação, conduta ou omissão com a finalidade de impedir, obstaculizar ou restringir os direitos políticos da mulher". As eleições de 2022 serão as primeiras em que as candidatas poderão contar com essa proteção jurídica.

Esse livro foi composto em Minion Pro, corpo 11/16,25.
A impressão se deu sobre papel off-white pelo
Sistema Cameron da Divisão Gráfica da
Distribuidora Record.